鄭和遺事彙編

鄭鶴聲編

中華書局印行

鄭鶴聲編

鄭和遺事彙編

中華書局印行

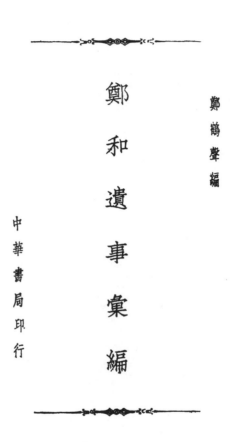

自序

我國歷代之政治思想，向持「人不犯我，我不侵人」之態度，以「保境安民」爲上策。明太祖雖以武力平定全國，然奠定統一之規模後，卽從事於政治上之建設，絕不思無故用兵異域，且垂示子孫，以無故用兵異域爲戒。例如洪武二年諭云：「四方諸夷，皆阻山隔海，僻在一隅，得其地不足以供給，得其民不足以使令。若其自不揣量，來撓我邊，則彼爲不祥；彼既不爲中國患，而我興兵輕犯，亦不祥也。吾恐後世子孫倚中國富强，貪一時戰功，無故興兵，致傷人命，切記不可。但胡戎與西北邊境，互相密邇，累世戰爭，必選將練兵，時謹備之。」（皇明祖訓箴戒章）並列不征諸國，以明示之。於此可見明初國防在正北西北，而不在東南西南，對於東南西南諸國，則不過示以羈縻而已。

洪武七年，太祖因暹羅番商詐貢，詔中書禮部曰：「古者中國諸侯於天子，比年小聘，三年一大聘，九州之外，番方遠國，則每世一朝，其所貢方物，不過表誠敬而已。高麗稍近中國，頗有文物禮樂，與他番異是，是以命依三年一聘之禮，彼若就每世一見，亦從其意。其他遠國如占城、暹羅、西洋瑣里等處新附國土，入貢既煩，勞費甚大，朕不欲也。今遵古典而行，不必煩貢，其移文使諸國知之。」（殊域周咨錄卷八瑣里古里）言雖如此，然四方朝貢者不絕。自永宣間鄭和屢使西洋諸國，宣示明廷威德，來者益衆，而日本尤爲恭順。查繼佐云：「永樂初，詔太監鄭和等率舟師三萬下西洋，日本國王源道義者，遣人來貢，并縛獻犯邊者二十餘人。上卽令其使人治之，置甑中蒸死。」（罪惟錄卷三十六日本傳）則其時威勢之隆，可以想見。

因明初對於海外諸國，皆以共享太平爲目的，故其對於諸國間一切非禮紛爭之事，莫不持公正和平之態度，以抑强扶弱，而負其國際仲裁之責任。然此種義舉，必須有堅固之政府，始克奏功，故欲安定各國，必自安定中國始。洪武三年以平定沙漠，頒詔海外諸國曰：「自古爲天下主者，視天地所覆載，日月所照臨，若遠若近，生人之類，莫不欲其安土而樂生。然必中國安而後四方萬國順附。元君妥懽帖木兒荒淫昏弱，志不在民，天下英雄，分裂疆宇。朕憫生民之塗炭，興舉義兵，攘除亂略，天下軍民，共尊朕居帝位，國號大明，建元洪武。前年克取元都，四方底定，占城，安南，高麗諸國，俱來朝貢。今年遣將北征，始知元君已沒，獲其孫買的里八剌，封爲崇禮侯。朕倣前代帝王治理天下，惟欲中外人民各安其所。又慮諸番僻在遠方，未悉朕意，故遣使者往諭，咸使聞知。」（明史卷三百二十四爪哇傳）此種「己立立人，己達達人」之抱負，實爲我國國民世傳之俠義精神。保持信義，一體同仁，共享太平，爲其最高之理想，絕非利其土地人民如後世帝國主義者之所爲。鄭和之出使卽所以貫澈上述之主張者也。

近世以來，帝國主義者侵略之風盛行，弱肉强食，爾詐我虞，一般弱小民族，幾全爲强大民族所併吞。毀滅其城池，殺戮其人民，損人利己，慘無公理，我國抑强扶弱之風，邈焉無聞。茲者日本帝國主義者變本加厲，益肆其侵略之狂燄，旣奪我朝鮮，割我台灣，又欲侵佔我全國，以遂其大陸之政策，擾亂世界之和平，蔑視人類之信義。我政府實逼處此，乃與同盟諸國，起而抵抗，剷除侵略之野心，發揮互助之公理，以自力更生之信念，奠定人類之和平。緬懷鄭和出使之往事，當益知所自勉也已。

余承潘公展印維廉兩先生之約，爲勝利出版社撰鄭和傳一書，初稿旣竣，適金兆梓先生有北碚之行，余約飲於蘆溝橋路之寓廬，金先生見余案頭有鄭和材料，因屬再爲中華書局另撰一稿。因就前稿所未備者，復爲此編。余兄鶴春先生亦來函云昆陽李縣長有修葺鄭和祖塋之舉，幷請於袁蕩耕先生刊其尊翁袁樹五先生馬哈只碑跋，而蕩耕先生復屬余兄爲跋於後，亦可謂能崇敬先賢者矣，幷書之以告讀者。至本書疏舛謬誤之處，仍希讀者有所指敎焉。

民國三十三年七月七日浙東鄭鶴聲謹識于北碚寓廬

鄭和遺事彙編目次

自序
編輯凡例
第一章　鄭和之世系與里邸……一
鄭和之世系　鄭和之里邸
第二章　鄭和之品性與時代……一九
鄭和之品性　鄭和之時代
第三章　鄭和之生卒與年表……二六
鄭和之生卒　鄭和之年表
第四章　鄭和經歷之地方與港口……六九

經歷之地方　經歷之港口
第五章　鄭和出使之年歲與大事……七九
鄭和出使之年歲　第一次出使之大事　第二次出使之大事
第三次出使之大事　第四次出使之大事　第五次出使之大事
第六次出使之大事　第七次出使之大事
第六章　諸國朝貢之事略……一一一
番王朝貢之事略　番使朝貢之事略　未經朝貢諸國之事略
第七章　鄭和之軼聞……一六〇
地理方面　寺廟方面　物品方面　風俗方面
補遺……一七九
附錄一　諸書所載諸國之數目……二一九
附錄二　諸國名稱之異同……二三〇

鄭和遺事彙編

第一章　鄭和之世系與里邸

第一節　鄭和之世系

鄭和本姓馬。馬氏之先其源不一，其在雲南者多屬回教徒，大抵源出西域。宋元之際，遷居其地，遂爲雲南人。鄭和之先，亦其一也。和之先世，相傳出自賽典赤，至和之生，已歷六世。自和以後有譜牒可稽者凡十五世，若考之碑碣，則不下二十餘世，上溯遷滇始祖賽典赤殆三十世矣。茲分述如次：

(一)鄭和之祖先　鄭和之祖先，自李至剛馬哈只墓碑發現後，俱知其曾祖爲拜顏，妣馬氏；祖哈只，妣溫氏；父哈只，母溫氏，而其遷滇始祖，仍無從考究。彭嘉霖先生馬哈只鄭和族系里居考云：鄭和勳望，炳蔚丹青，高山景行，荒遐影附，歷歲時以彌昭，同山河于帶礪，猗歟盛已！然出使水程，毀於項忠（見殊域周咨錄使其書存當與大唐西域記同爲世界史料要籍），而碩畫鴻猷，徒瞻鱗爪，洽聞殫見，倏等烟水。重以明史陋略，貽厥莫徵，先烈罔著。人同代斷，跡類萍浮，和之不幸歟！抑震旦聲聞之不幸！近世史家之不幸也！和之佚聞軼事，自法國之伯希和吾國之梁卓如輩，斷簡殘章，窮荒敗石，爬羅搜剔，不遺餘力，斷鶴續鳧，亦少衰已。獨和之家世里居，自隨和奉使之馬歡費信以下罔或闡揚，付諸蓋闕。雖以師荔扉之淹洽能知錢寧地系，而於和茫然。夫無待猶興者，賢豪之誼，有開必先者，理數之常。先河後海，象著蒙泉，和之先世光烈，其焉可忽。和為咸陽王六世孫，見於其十二世孫婦墓碑，金石左證，綦可信從。然或以為遙遙華胄，昔有明識，涕隕熊光，膝屈郭令，不無援繫之疑，而不必然也。考咸陽入滇，吾滇始有回族，回中故老相傳，納馬哈賽速五姓，皆咸陽後裔，徵之諸姓譜牒，亦盡以咸陽為開祖。夫色目無姓，入華始隨俗繫姓，支遁安世高繫以國，菩提流支迦葉志忠繫以教，金日磾曇無讖繫以物。咸陽沒於雲南，諸子亦多留仕於滇，後成土著，而歧姓分支，亡足異也。五姓中惟哈氏未易溯其得姓之由，自餘皆有徵驗，蓋咸陽子之見於史者五人，納速剌丁馬忽速，皆官雲南，納馬固非姓，然後裔卽其祖名之首一字以繫姓，亦所謂事貴因循耳。忽辛亦官雲南，忽速音近，殆卽速姓之濫觴。賽氏則以賽典赤之故，而以官繫姓也。衆證參合，雖有喙三尺，其尙可以為坎井之疑，夏蟲之語耶？然則和固與敷功赫弈之咸陽王，後先輝映，相得益彰已。近日鄭氏家譜出於玉溪，爭墩結習，賢者不免，遂有疑和族於玉溪者。雖馬哈只碑矗建昆陽，猶有昆玉與共之言。游九京而思隨會，深覺辭闢之不容已也。考鄭宗陽著於鄭氏家譜，然為昆陽貢生，載在州志，則和裔在昆之著於明也。馬督捕婦碑，記為和十二世，則和裔在昆之著於清也。然猶斷自乾隆，未及中葉以往。竊嘗質之回中耆老，咸謂同治末楊振鵬之敗，鄭氏始離昆四徙，有移居域外者，玉溪鄭族，其一部耳。予陟青龍之岫，歷訪遺蹤，則道光間與修州志之鄭康年遺墓，儼然在焉。碑載康年爲明經進士，而志第署爲廩生，則康年殆咸豐中歲貢。又有鄭高魁墓碑，列子康年，鶴年，孫嘉銳，而鶴年嘉銳咸葬馬哈只墓下，確爲和裔無疑。此和裔在昆之見於乾嘉以後者。馬哈只墓下，鄭氏諸碑燦然，然建樹時期，盡於同治初年，則避難移家之說，顛撲不破矣。又家譜晚出，眞贋未可臆決。和七次奉使，馮承鈞氏考證甚詳，和所建天妃靈應碑後列使事，亦凡七項，而家譜稱三使西洋，殆依附三下西洋之訛傳而爲之辭。可疑一。和所經歷，徵之載籍，殆三十餘國，家譜所記，僅十九國。瀛涯勝覽爲馬歡作，家譜指爲和作，紀載舛迕。可疑二。鄭督捕雖不知何名，然其子爲存念，孫爲思忠輩，而家譜十三世爲逢元，十四世爲永生，行派無一同者。可疑三。然則家譜且不可深信，更何能據家譜以易和之里居也哉。因爲辨正，以俟諸知言者。

據此，則鄭和出於咸陽王之說，亦非不可能。考咸陽王卽賽典赤瞻思丁，一名烏馬兒，回回人，別庵伯爾之裔。別庵伯爾者，西域諸國尊回回教主之名也。賽典赤者，猶華言貴族也。瞻思丁自云與中國孔子同世系，言爲教主後，同於中國孔氏之貴云。父苦魯馬丁，元太祖西征，瞻思丁率千騎以文豹白鶻迎降，命入宿衞，從征伐，以賽典赤呼之而不名。太宗卽位，授豐靖雲內三州都達魯花赤，改太原平陽二路，達魯花赤入爲燕京斷事官。憲宗卽位，命同塔剌渾行六部事，遷燕京路總管。世祖卽位，立十路宣撫司，擢燕京宣撫使。中統二年，拜中書平章事，皆降制獎諭。至元元年，置陝西五路西蜀四川行中書省，出爲平章政事。十一年（西元一二七四年），帝謂瞻思丁曰：「

雲南朕嘗親臨，比因委任失宜，使遠人不安，欲選謹厚者撫治之。無如卿者」。贍思丁拜受命。退朝，卽訪求知雲南地理者，畫其山川城郭，驛舍軍屯，夷險遠近，爲圖以進。帝大悅，遂拜平章政事行省雲南，賜鈔五十萬緡，金寶無算。……雲南俗無禮儀，男女往往自相配偶，親死則火之，不爲喪祭。無秔杭稻桑麻。子弟不知讀書。贍思丁敎之拜跪之節，婚姻行媒，死者爲棺槨奠祭，敎民播種，爲陂池以備水旱。創建孔子廟，明倫堂，購經史，授學田，由是文風稍興。雲南民以貝代錢，是時初行鈔法，民不便之，贍思丁爲聞於朝，許仍其俗。又患山路險遠，盜賊出沒，爲行者病，相地置鎭，每鎭設土酋吏一人，百夫長一人，往來者或値刧掠，則罪及之。……贍思丁居雲南六年，至元十六年（西元一二七九年）卒，年六十九。百姓巷哭，葬鄯闡北門（在今雲南昆明聚奎樓外）。交趾王遣使者十二人，齋經，爲文致祭。其辭有「生我育我，慈父慈母」之語。使者號泣震野。帝思贍思丁之功，詔雲南省臣盡守贍思丁成規，不得輒改。大德元年（西元一二九七年），贈守仁佐運安遠濟美功名太師開府儀同三司上柱國咸陽王，諡忠惠。子五人，長納速剌丁。次哈散，廣東道宣慰使都元帥。次忽辛。次苫速丁兀默里，建昌路總管。次馬速忽，雲南諸路行中書省平章事（元史卷一百二十五新元史卷一百五十五賽典赤贍思丁傳）。觀此，則贍思丁爲西域回回敎主之後裔，至元太祖時，始入中國，遂爲中國人。元太祖滅回回國，在宋寧宗嘉定十五年（西元一二二二年），或卽贍思丁來華之年。其入雲南，爲元世祖至元十一年（西元一二七四年），則未入雲南以前，在華已五十有二年。據傳贍思丁卒於元世祖至元十六年（西元一二七九年），年六十九，則當生於宋寧宗嘉定三年（西元一二一〇年）。鄭和父馬哈只生於元順帝至正四年（西元一三四四年），上距贍思丁之生，凡一百三十有四年。若以鄭和爲贍思丁六世孫，平均二十七年爲一世，亦屬可能也。

贍思丁凡五子，其第五子爲馬速忽，當爲鄭和第五世祖，亦卽馬氏得姓之祖。據元史賽典赤贍思丁傳，彼曾任雲南諸路行中書省平章事，其他事蹟，不甚可考。自馬速忽至鄭和曾祖拜顏，中闕一世，其曾祖及祖之事蹟性行，亦不可考。其父母事蹟性行，則賴李至剛所撰墓碑以傳。據李至剛撰和父故馬公哈只墓誌銘云：

公字哈只，姓馬氏，世爲雲南昆陽州人。祖拜顏，妣馬氏。父哈只，母溫氏。公生而魁岸奇偉，風裁凜凜可畏，不肯枉己附人，人有過，輒面斥無隱。性尤好善，遇貧困及鰥寡無依者，恆保護賙給，未嘗有倦容，以故鄉黨靡不稱公爲長者。娶溫氏，有婦德。子男二人，長文銘，次和，女四人。和自幼有材志，事今天子，賜姓鄭，爲內官監太監。公勤明敏，謙恭謹密，不避勞勤，縉紳咸稱譽焉。嗚呼！觀其子而公積累於平日，與義方之訓，可見矣。公生於甲申年十二月初九日，卒於洪武壬戌七月初三日，享年三十九歲。長子文銘，奉柩安厝於寶山鄉和代村之原，禮也。銘曰：

身處乎邊陲而服禮義之習，分安乎庶民而存惠澤之施，宜其餘慶深長而有子光顯於當時也。

旹永樂三年端陽日資善大夫禮部尚書兼左春坊大學士李至剛撰。

李至剛稱和父哈只「生而魁岸，風裁凜凜可畏，不肯枉已附人，人有過，輒面斥無隱。性尤好善，濟貧困及鰥寡無依者，恆保護賙給，未嘗有倦容，以故鄉黨靡不稱爲長者」。其母「有婦德」蓋爲一馴良之教門，而有世德之家庭也。

鄭和之父，生於元順帝至正四年甲申，卒於明太祖洪武十五年壬戌（西元一三四四至一三八二年），享年三十有九。以一青年有爲之士紳，而遽遭短命，可謂不幸。然和父年雖不過四十，已生子男二人，長文銘，次和，女四人。以有世德之故，次子和尤能發揚而光大之。

馬哈只碑自明成祖永樂三年乙酉（西元一四〇五年）刊立以來，至清德宗光緒二十年甲午（西元一八九四年）始經蘇君曉荃道及，中間湮沒不知者，凡四百八十有九載。再經十有八載，至民國元年壬子（西元一九一二年），石屏袁樹五先生始訪得之於昆陽縣。越歲癸丑（西元一九一三年），爲撰「昆陽馬哈只碑跋」，以表彰之。其言曰：「中國歷史上有探險海中，行數萬里，逾十數年，禽島魁，闢新土，弢武力，播文化，開岌頓哥倫之先，而爲中國先者，實惟鄭和。和事功詳明史本傳，師扉荔氏謂班超傅介子蔑以加焉，誠確論也。顧明史言和雲南人，不言何縣。歲甲午，蘇君曉荃告余曰：『昆陽和代村有和父墓碑，宜爲昆陽人』。壬子，訪之昆陽，果得碑拓本於宋君南屏。碑高建初尺七尺七寸，廣四尺一寸。計十四行，二十八字。永樂三年端陽日禮部尚書左春坊大學士李至剛撰。至剛即劾罷李景隆者，華亭人，明史有傳。文極雅飭，闕書者姓氏，疑亦李書，秀姿近北海一派。刻工亦精。和官京師，丐李撰書，寄滇刻石。第九行十三兩字刻一格內，蓋李書葬日在上旬，僅一字一格，寄滇則葬日改中旬，故兩字一格。碑言和本馬姓，父哈只，母溫氏，兄文銘，女弟四人。和自幼有才志，事今天子，賜姓鄭，公勤明敏，謙恭謹密，不避勞勩，搢紳稱譽。尙未及使西洋事。史稱和於永樂三年夏奉使，殆猶在端陽後歟？古今豪傑，斷無已不自立而能立人者。碑言和卓卓自立，實可補明史之缺。又載和祖亦名哈只，祖母亦溫氏。祖母與母同氏，不足異，祖與父同名，或者疑之，而不知不足疑也。昆陽馬氏，本回教巨族，回教以曾經天方覲見教主者尊稱爲哈只，其字本作[illegible]，華音譯之，或作漢芝。凡有漢芝之稱者，鄉俗不復稱其名，今猶然矣。和之祖與父皆回教，曾朝天方者，尊稱既久，即和忘其祖與父之本名。父卒年三十九，和已升內官監太監，殆幼學後入燕邸，早忘父名，亦常耳。及父卒，追念先澤，口述俗稱，以告李，李悉仍之，其孝也，其愼也。當是時，中國回人朝天方，道必出海，齎一歲糧乃達。縱有讓皇浮海之傳聞，誰敢行險遠浮者？和奉君命而往，承其家世探險精神，率二萬餘人，往來重洋十數次。其始也，窮搜讓皇；其終也，發皇國勢。迄今而三寶之壠，紅海之灣，亞非之交，汪洋萬頃，殖華民十數萬。使明人稍知殖民之策，則中國雄視全球有餘也，何至今而滋他族以自逼哉！鄭成功據台灣三傳，鄭昭據暹羅累世，以和較之，後先輝映，三鄭眞鼎足哉。歐陽集古錄收五代時碑爲石刻，不及百年，猶矜異焉，此碑距今五百有七年，屹然完整，我滇人盍共寶諸！癸丑元旦跋。」（臥雪堂文集）於是五百年前之故物，得以光顯於世；而爲一般學者考證鄭和先世事蹟者之資焉。

其碑在昆陽城東門外，碑質爲紅砂石，文理堅緻，歷經風霜，未有剝蝕，古色斑爛，鬱成異觀。然自明初建立以來，迄今六百餘載，當淸咸同間回亂以後，棄諸荒垢，祇供牧夫樵子之躑躅而已。文人學士，未有過而問之者。民國以後，經袁樹五先生之題跋，屬滇人寶之，此碑遂爲世所重視。民國二十四年，昆陽縣知事楊立聲始飭工樹碑，建亭以覆之，並樹二石於左右，一爲夏光南碑跋，一爲明史鄭和傳。墓地軒敞，惜碑亭嬐陋，湖濡風高，片瓦無存，垣基盡圮。三十三年春，滇人彭嘉霖，昆陽縣縣長李羣傑兩先生，發議重建碑亭於其所，附刻袁樹五先生跋於左，鈎刻天妃靈應碑於右，刻自跋並徵詩文於後，以發潛德之幽光，昭盛蹟於有永。彭嘉霖先生重建馬哈只碑亭記云：吾滇自迦葉開山，竺學深入，增冰積水，踵事莊嚴。張叔盛覽以還，漢學亦駸駸稱盛。張仁果迄兩爨，寧益之統治，三十七部之競雄，勳望政聞，亦少衰已。逮及蒙詔，競霸炎方，乾竺嚮風，岷崙泥首，垂拱天寶，旰食僖朝，駿烈豐功，橫絕南戒。宜乎穹碑鉅碣，頡頏咸秦。顧自兩爨南詔孟璇河東諸碑外，不少概見何哉？蓋蜩螗蠻觸，華離紛錯，不少故蹟摧殘，沐氏毀滅史蹟，伊其次也。抑滇人士倥篤悃愊，遮撥表暴，一任蕪淪灌莽，唐喪斤椎，故蹟湮滅，熟視而莫之覩也。烏虖！忠武穹碑，空徵載籍，明王歌頌，徒著荒乘。徵石史於滇陲，林皐多憾，烱水無情，能無晦盲風雨之悲，曇影石光之慼哉！昆陽爲西爨遺墟，岷崙南幹，縱橫雷封，盤鬱輪囷，篤生駿異，而鄭和挺生於其間。樓船下瀨，遐暢聲靈，威稜憚乎卉服，國力振於東鯷。漲海溟池，鯨鯢息浪，較絜張騫鑿空，班超斷臂，過無不及。終軍長纓，長沙表餌，亡足論也。下視傅介子奮詐屠王，不猶鶴雀蚊虻之過乎前哉。吾人於其故蹟遺徽，宜如何爬羅愫惜，視等球琳，以振國光而張民氣。矧其金石價值之足以張吾軍也。馬哈只碑，建於永樂，雖稍後於平叛皎淵諸碑，而關係國聞，以視胡綎之侈陳，浮屠之嚴飾，夐乎遠矣。顧獻孽吳藩，兵燹頻仍，而花門變起，淪為兔窟。碑棄荒墟，風摧雨蝕，雪壓霜侵，苔蘚迷離，狐兔縱橫，徒供牧童樵子之躑躅謳吟，陋儒竊啓，蔑視中涓，未嘗過而問焉。柳季遺壟，樵採不及，汚隆升降之端，其可深思而竊歎也。民國二十四年，昆陽縣知事楊立聲，飭工樹立，建亭以覆。惜碑亭媕陋，湖壖風高，片瓦無存，垣基盡圮。李傑夫大令來尹是邦，盱衡古今，掞張文化，詢謀耆舊，重建碑亭；堅實莊嚴，期垂奕葉。是不獨為吾滇金石張目，其於振國光而張民氣者，為功鉅已。抑碑在月山巔，實踞海山勝域，蓋白鶴山脈抵鐵爐關，分為東西二支，迴抱平原，北盡昆湖，而月山適居其中。陟巔以望，渠川若帶，昆湖若鏡，公路縈繞於南，奇岫屛崎於東，而鳳儀青龍之烟霞，移步換形，朝夕掩藹，且百變而未始有極也。游斯亭者，其亦莫興二陵風雨，會稽烏鵲之感已。東臨史萬歲戰場，能無興廣武之歎。北眺梁王宮殿，玉帶名堤，能無隕牛山之泣。而拓東廢城，河西遺治，其足以供慷慨悲歌，歔欷憑弔，發思古之幽情者，亦百變而未始有極也。然則和之建父墓於此，蓋非無意。傑夫重建碑亭，亦且延和之沾溉於無窮也。爰為記之，以諗來者。

又李羣傑先生馬哈只墓碑跋云：張騫鑿空，恢千古未有之奇，玄策開邊，驚五士橫目之衆。班定遠風徽如昨，燕頷能飛；馬文淵銅柱依然，鴻泥不朽。無如中世，儒緩成風，雨泣銅駝，霜侵牧鼎。輕揮玉斧，空溯石紐之靈；永閉蕭關，孰問崐岡之火。狠奔豕突，太白生茫，雪窖冰天，千夫共膽。遂使神州黯黮，羲虜憑陵。炎黃道盡，孰馳域外之觀；秦漢風微，慚對撑犁之使。乃有鄭氏，篤降炎方，奉職南航，宣威異域。熙天耀日，蟻觀下瀨之船；石破天驚，吷視橫槊之棹。三十餘國，泥首燕都，億萬集團，崩角禹甸，猗歟盛矣！余撫臨名邦，盱衡盛蹟，和所建父馬哈只墓，適在治城之西，月山之頂。礪山帶河，蘊嵐封浪湧之奇，積翠含青，披夕秀朝華之勝。卿雲杳藹，佳氣輪囷，信山川之挺生，識甫申之嶽降。爰咨耆舊，重建碑亭。屏山先生碑跋，發潛闡幽，揚今権古，振滇雲之風烈，聳震旦之英靈。附著豐碑，信茲息壤。尤有進者，雲封迷地，明史失之荒疎；空穴來風，異壤遂生儳雋。青山如舊，寧容介甫爭墩；白骨依然，疇信熊光哭墓。爰陟青龍之嶺，遺裔昭然；更溯花門之災，遷蹤宛在。碑名聖裔，溯華胄於咸陽；階樹白楊，喚介威於華表。詳具考釋，著之志乘，九京可作，亮名蹟於海壖；振古如斯，汎鴻聲於世界。

又余長兄鶴春先生書石屏袁樹五師昆陽馬哈只碑跋後云：先師石屏袁樹五先生，早歲顯達，功名冠滇南。自辛亥謝吾浙提學歸，潛心撰述，於滇省掌故，搜討綦勤。其跋昆陽馬哈只碑也，闡述鄭和里居世系，考證其先實馬氏，爲回教徒之曾朝天方者，足補史乘之闕。海內外學者，資考證焉。鄭和之事，正史稗官，莫不載之，流風遺跡，赫然人間，而士大夫反忽視之。自新會梁氏撰祖國航海大家鄭和傳，其事跡始顯於世。法人伯希和承之，頗有所考證，顧多牽强附會之說，雖以馮承鈞氏之勤學，不能盡糾其謬。三弟鶴聲，曩得宣德六年和撰太倉劉家港天妃宮石刻通番事蹟碑記，重予考證，後之論和事者，遂得有所依據。鶴聲嘗廣集中西史料，詳考博證，於二十六年夏成鄭和出使記長編數十萬言。惜首都淪陷，其稿遂佚。近復著鄭和傳兩種，各約十萬言，論和家世，悉宗師說。夫和之出使，冒萬險涉重洋者，幾三十年，揚國威，播文化，扶弱抑强，柔遠懷邇，爲今日南洋僑胞樹風聲，視近世歐洲人之拓土殖民者，又何讓也。和誠賢能哉！緬懷先哲，能無撫今追昔之感乎？吾人宜知有所感奮矣！李君羣傑，出守昆陽，擬葺和父墓，馳書今雲南省政府袁委員兼祕書長藹耕，請書其尊翁馬哈只墓碑跋刊之，以示崇敬，而彰先賢，甚盛事也。藹耕以先師愛予兄弟深，又以予弟之喜研史事，樂道和事，更有感於予之重蒞滇南，其因緣之不可沒也，特囑一言，以附跋尾。爰不敢以不文辭，謹書此以歸之。民國三十三年六月　日浙江諸暨蓴邨鄭鶴春謹書。」

余夙主張凡有鄭和故跡之處，皆當勒碑其地，以爲紀念而資宣揚，李君此舉，誠勝事也。

（附）馬哈只墓碑亭詩

彭嘉霖

雪壓霜侵感百罹，蘚雲依舊矗豐碑，嵐開靑嶂觀龍現，霞絢朝桐有鳳儀（原注：碑亭西對靑龍鳳儀二山）。蒙詔提封雲渺渺（原注：昆陽爲蒙氏拓東節度使駐節地），爨王殘石雨絲絲（原注：西爨王碑在昆陽縣境），祇今勝蹟昭塵海，洊歷滄桑景更奇。

三保威靈震百蠻，醴泉芝草自班班，遺蹤此日歸靑史，委蛻當年付八還。霜動淸鐘雲外寺（原注：普照寺鐘爲昆陽古物），秋開奇畫雨中山，烟光不負高人蹟，那更天風響佩環。

振策山陬物外游，韓陵一片感銘幽，風聲逖聽阿丹國，驥子能驚定遠侯。吹徹塤篪貽伯仲，橫分馬鄭笑鴻溝，名亭自足高炎徼，寥泬籌邊李相樓。

杯視昆池一葦航，趨蹌靈迹叩天方，馬嘶葱嶺千尋綠，杖策沙墟一望黃。頭痛山橫甘進影，羽沉淵弱想褰裳，慧超風概哥侖氣，遺教流光萬丈長。

垓外難談汗漫游，鯨呿鼉憤海天秋，鋒端戢影漁家子，葉表歌風水國侔。礦鹵虛驚能飲馬，星槎徒自犯牽牛，民族英雄空往迹，沿洄燕翼感山邱。

烟林漠漠水泠泠，刼歷紅羊草自青，楚辭空歌蘭蕙茝，昆池徒聚水風萍。巨橋故府鬱佳氣（原注：巨橋萬戶府治故址在碑亭東南），西爨遺墟見景星（原注：西爨王都實在昆陽予別有考），片石能興民衆感，蔌肴一笑醉翁亭。

遺民休問首陽薇（原注：明遺老鄧凱遲光啓陳起相諸公嘗隱月山麓），烟自蕭涼雨自霏，金甖擲殘荆杞惡，牛山泣盡子孫微。聲沉華表逸禽去，血染春風怨鳥歸，淑世豐碑埋朽壤，芸芸腸斷華山畿。

百年克樹濟時材，表海雄風亦壯哉，絕域人欽三寶墻，荒邱狐竄九成臺。無端豹虎侁侁逝，不盡雲因莽莽來，渠濫川西鶴嶺北，雪花飛斷野梅開。

（二）鄭和之子孫　鄭和因爲閹官故，以其兄文銘之子爲嗣。歸嗣鄭和者，改姓鄭氏。文銘後裔，仍姓馬氏。馬氏族系，文銘後有鐘毓綦繁等代，勳名鼎盛，人口頗繁。清咸同間，幾及百戶。時杜文秀大司略楊振鵬久據昆陽，振鵬被戮，馬氏流徙一空，逸入玉溪大營者二十八家，逸入昆明者數十家，其餘散之四方，無可究詰。其在昆陽者，單丁獨戶而已。譜牒無考，世系湮淪。其稍有世次可見者，凡二支系：

甲、馬喜子瑋昌，孫昭圖，瑞圖，負圖，安圖，永圖，曾孫朝玉，顯□來賓。（馬喜墓碑）

乙、馬渭子明紀，濟川，孫平良，曾孫昭文，錦文，著文。（馬渭墓碑）

此等墓碑，皆在馬鄭祖塋。馬喜馬渭二碑，皆建於同治二年，蓋乾嘉間人。其後裔流徙他方，無回里者。至於馬氏人物，則多以武功顯，清有復元（康熙三十八年己卯科武舉），崇（康熙四十七年戊子科武舉），斑（康熙六十年辛丑科武進士官侍衛），廷楷（乾隆十六年辛未科武進士），國相（乾隆四十八年癸卯科武舉），國標（嘉慶五年庚申恩科武舉），肇暹（道光五年乙酉科武舉），肇星（道光十一年辛卯科武舉），肇棠（道光二十九年己酉科武舉），其文科中乙榜者，惟明代馬友諒一人，而明經進士頗多，明有士達，時美（官學政），端義（官東鄉縣訓導），允楊，昌明，金城等。清有邦耀，弼一，濬，宏濟等。自馬崇以下，雖無世次可稽，而散見志乘，傳諸耆老，確爲文銘後裔。

鄭氏族系，雖不如馬氏之盛，然咸同之際，毓燕涵煦，亦數十家。大安，玉，有貴，得勝，出征殉難，餘遭楊振鵬之難，流徙一空。有移居省內外者，有移居國外者（鄭叢林居景昧其子孫爲緬巨商），其移至昆玉交界鐵爐關畔石狗頭村者，凡十餘家。此族在昆陽有世次可稽考者，有世次略可稽考而前後闕佚者。其有世次可稽者，一世和。二世賜，字恩來，妣馬氏，納氏，生子二，萬選，廷選。三世萬選，妣李氏，生子一，名宗陽，貢生，初選雲南楚雄府訓導，萬曆四十三年（西元一六一五年），升任四川岳池縣知縣。四世宗陽，妣李氏，生子士祿。五世士祿，妣馬氏，生子三，伯國卿，仲國元，叔國用。六世國卿，妣馬氏，生子三，長大駗，次弘駗。七世大駗，麇生，妣馬氏生子四，伯時發，仲時傑，叔時英，季時俊。八世時發，妣李氏，生子二，長崇新，次毅新。九世毅新，妣馬氏，生子二，長溥，次淵。十世溥，妣李氏，生子二，長居正，次居廣。十一世居正，妣李氏，生子二，長有法，次有才。十二世有才，妣□氏，生子一，名良善。十三世良善，妣□氏，生子一，名逢元。十四世逢元，妣□氏，生子一，名永生。十五世永生，妣□氏，生子三，伯富，仲興，叔貴。（鄭和家譜）此有世系可徵者也。

其世次略可稽考而前後闕佚者，據碑石可證者，有二支系：

甲、□□（生於康熙二十三年甲子卒於乾隆二十年乙亥任昆陽州督捕廳督捕，和十二世孫）子存念，孫思忠，效忠，唯忠，體忠。（鄭母毛太君碑）

乙、□□（生隆慶年間）子高魁，高弟，孫長年，安年，康年，（歲貢生工書法與修昆陽州志）永年，豐年，景美，景忠，嘉悅，嘉賓，曾孫雙貴，雙喜。（參鄭母毛太君碑鄭高魁墓碑鄭康年墓碑鄭嘉悅墓碑）

鄭和子孫，除在昆陽州者外，尚有南京一系，鄭和晚年曾爲其題請居住於南京三山街之淨覺寺（今南京建康路清眞寺）者也。茲列鄭和世系表如次：

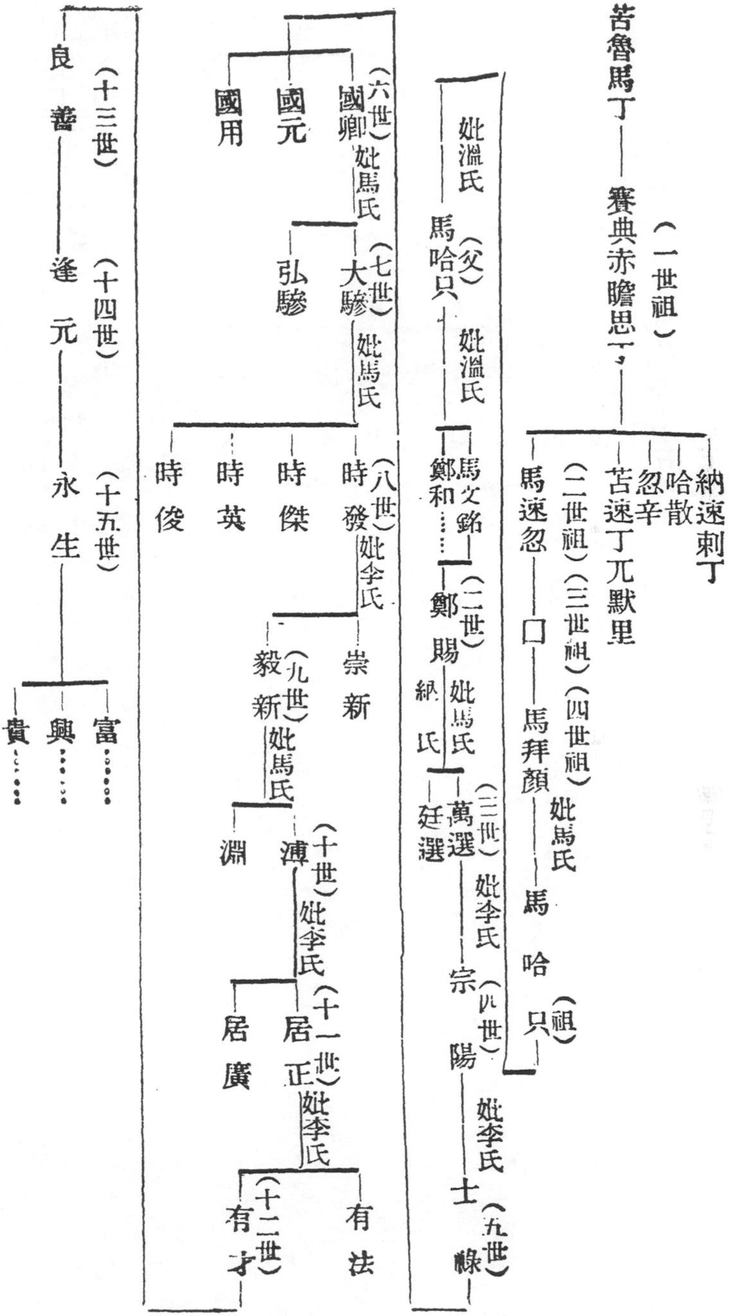
苦魯馬丁
賽典赤贍思丁
(一世祖)
納速剌丁
哈散
忽辛
苦速丁兀默里
(二世祖)
馬速忽
(三世祖)
口
(四世祖)
馬拜顏
妣馬氏
馬哈只
(祖)
妣溫氏
馬哈只
(父)
妣溫氏
馬文銘
鄭和
(二世)
鄭賜
妣馬氏
納氏
(三世)
萬選
妣李氏
廷選
宗陽
(四世)
妣李氏
士祿
(五世)
(六世)
國卿
妣馬氏
國元
國用
(七世)
大駿
妣馬氏
弘駿
(八世)
時發
妣李氏
時傑
時英
時俊
崇新
(九世)
毅新
妣馬氏
(十世)
溥
妣李氏
淵
(十一世)
居正
妣李氏
居廣
有法
(十二世)
有才
(十三世)
良善
(十四世)
逢元
(十五世)
永生
富
興
貴

甲、□□（十二世）

□□——存（督捕）——念——思忠、效忠、唯忠、體忠

乙、□□

□□——高魁、高第——長年、安年、康年、永年、豐年、景美、景忠、嘉銳、嘉賓——雙喜、雙貴

第二節　鄭和之里邸

鄭和雖爲雲南昆陽州人，然自幼年卽離別家鄉，長途遠征，事燕王棣於北平。及燕王卽位南京

，和亦隨駕南渡，遂終老其間。綜其生平，居於故鄉者殆十年，居於北平者殆二十年，其餘三十年往來海上，以南京爲其休沐之地。故約言之，昆陽州爲其第一故鄉，北平爲其第二故鄉，南京則爲其第三故鄉。昆明南京兩地，皆有里邸故迹可考。茲分述如次：

（一）昆陽鄭和故里　昆陽白鶴山脈北走至鐵爐關，分東西兩支，迴抱平原，月山居平原之中，縣城蜿蜒於東麓，鄭和故里在焉。名和代村。李士厚云：「昆陽城原爲古之和代村，明朝末年，縣治始移於此。」又云：「昆陽縣城上新立明三寶太監鄭和故里碑。」（鄭和家譜考釋）則鄭和故里，即今昆陽縣治所在。馬鄭塋兆，即縈迴於西岫。馬哈只墓，隣近峯巔，陟嶺遙望，渠川若帶，昆湖若鏡，公路縈繞於南，列岫平峙於東。面臨隴畝，溝塍縱橫，培塿村落，點綴其間。月山西麓，由阡陌西南行，爲小團山。又西南爲彎村，南折爲馮家莊，莊北即大小新城，爲明姜思濬楊文岳所建縣治故墟（思濬浙之文學家文岳明末督師殉闖寇之難）。名蹟惄遺，足資憑弔。又南行爲呂字山，山外略見村落。呂字山、小團山、與鳳儀山（在月山西北）、外之團山，拱衞月山，昔稱三星傍月，爲一邑名勝。（李羣傑鄭和資料調查錄）

（二）昆陽鄭和祠　鄭和家譜云：「建祠公府傍右山之嶺，」所謂公府，當指昆陽鄭和故居，殆爲其子孫所建，以爲鄭和香火之所歟？

（三）南京鄭和邸第（馬府街）　南京馬府街，因鄭和邸第所在得名。鄭和本姓馬故稱其府邸爲馬府，以其府邸所在地爲馬府街。江寧金鼇云「馬府街在欄杆橋。澹墨小紀：鄭和本姓馬，家於此。」

（金陵志地錄）是也。今南京人尚稱鄭和爲馬三寶云。余在南京時，屢至其地，狹隘如小巷，爲江蘇省立女子師範校址所在，故甚著名焉。

（四）南京三山街遺宅（淨覺寺）　圖書集成云：「淨覺寺在府治三山門內，明洪武間勅賜，宣德年重修，鄭和題請其子孫世守之。」（圖書集成方輿彙編職方典第六百六十一江寧府部彙考祠廟）據鄭和家譜載宣德五年七月二十六日明宣宗賜鄭和南京禮拜寺勅云：「爾所奏南京城內三山街禮拜寺被焚，爾因乞保下番錢糧人船，欲要重新蓋造，此爾尊敬之心，何可怠哉？爾爲朝廷遠使，既已發心，豈廢爾願。恐爾所用人匠及材料等項不敷，臨期誤爾工程，可於南京內監官或工部支取應用。乃可完備，以候風信開船。」所謂禮拜寺，即清眞寺，劉智天方至聖實錄，孫可庵淸眞教考，並收此勅。與淨覺寺蓋同地異名。江寧鄉土志云：「明洪武二十一年建淨覺寺於三山街，以居西域歸附之人，爲南京有回教之始。」宣德時被焚而重建者。因其地爲回教徒集中居住區域，故鄭和奏請爲子孫世守之地。則鄭和固篤信回教，其子孫亦爲回教徒也。三山街今名建康路，猶多回教徒，南京回教寺宇以十數計，而以淨覺寺爲最大，院落四進，建築別有風格，今尚完存，殊爲壯麗。

第二章　鄭和之品性與時代

第一節　鄭和之品性

鄭和法名福善，爲一回敎徒而兼崇信釋典者也。其海上之功業，在中國歷史上，殆無出其右者。求之西洋各國，則哥倫布麥哲倫等，其流亞也。其個人品格，必有過人之處。所謂品格，可包含外表與內質二方面，所謂外表，屬於體貌，所謂內質，屬於才學。茲分述如次：

（一）鄭和之體貌　相傳鄭和身長七尺，腰大十圍，四岳峻而鼻小，（法反此者極貴）眉目分明，耳白過面，齒如編貝，行如虎步，聲音弘亮。明成祖欲通使西洋諸國，問袁忠徹以三保（即鄭和）領兵如何？忠徹對曰：「三保姿貌才智，內侍中無與比者，臣察其氣色誠可任。」遂令統兵以往，果所至畏服（古今識鑒）。忠徹稱和身長腰大，聲音弘亮，所至畏服，亦非偶然。李誌稱其父魁梧奇偉，風裁凜凜可畏，則其得於遺傳者可知。此就其體貌方面言之者也。

（二）鄭和之才學　譜載鄭和贊曰：「才負經緯，文通孔孟，特選皇廷，勤勞□□。□□三朝，奉□□，捧勅諭，於諸番國，並海外公幹敎化。諸番王等無不祇順王命，共皆仰體皇仁，恪遵勅諭，據誠來文。乃稱和公之德而揚和公之行，可謂出使四方，不辱君命者矣。」（鄭和家譜）李至剛稱其「公勤明敏，謙恭謹密，不避勞勩，縉紳稱譽，」（故馬公哈只墓誌銘）明書亦稱其「博辯機敏」（明書鄭和傳）可見其爲外交家。惟鄭和本出身軍旅，故對於武備之事，亦素所諳習。明外史稱其「有智略，知兵習戰」（明外史鄭和傳）良有以也。大抵鄭和之出使，以博辯爲前鋒，以武力爲後盾，故能所至有功，諸國畏服耳。

第二節　鄭和之時代

東西勢力之消張，實以南洋一帶爲中心，而有明一代樞紐所繫，非細故也。大抵明之初葉，我國國力充盈屢遣使臣經略南洋，一時中南半島，南洋羣島諸國，皆來入貢，是爲華人勢力西漸時代。及其晚年，國勢衰微，無力向外，西洋諸國，發見好望角，接踵東來，經略殖民地與通商口埠，於是印度、中國、日本及南洋羣島，無一不有西人足跡，是爲歐人勢力東漸時代。茲將東西勢力消張情形，分述如次：

（一）華人勢力之西漸　鄭和歷事明成祖、仁宗、宣宗三朝，且相爲始終。成祖在位二十二年，壽六十五；仁宗在位一年，壽四十八；宣宗在位十年，壽三十八。承太祖生息三十年之餘，再經永宣兩朝三十年之經營，國勢之隆，媲美漢唐。史稱明成祖「卽位以後，躬行節儉，水旱朝告夕振，無有壅蔽。知人善任，表裏洞達，雄武之略，同符高祖。六師屢出，漠北塵清，至其季世，威德遐被。四方賓服，受朝命而入貢者，殆三十國，幅員之廣，遠邁漢唐。」（明史卷七成祖本紀贊）宣宗卽位以後，「吏稱其職，政得其平，綱紀修明，倉庾充羨，閭閻樂業，歲不能災。蓋明興至是歷年六十，民氣漸舒，蒸蒸有治平之象」。（明史卷九宣宗本紀贊）觀此，則明初國勢之隆盛，與民生之安樂，可以想見。內力既充，於是努力於向外之發展，而成祖一朝，尤爲著稱。梁啓超謂：「成祖之在位當西紀千四百三至千八百二十四年，正葡萄牙王子亨利獎勵航海時代。（亨利生一三九四年，卒一四六三年）。而西史所稱新紀元之過渡也。成祖之雄才大略，承高帝之後，天下初定，國力大充，乃思揚威德於域外，此其與漢孝武唐太宗之時代正相類。成祖既北定韃靼，耀兵於烏梁海以西，西闢烏斯藏，以法號羈縻其酋，南戡越南，夷爲郡縣，陸運之盛，幾追漢唐、乃更進而樹威於新國。」（祖國大航海家鄭和傳）成祖之通西洋，與漢武之通西域，其功蓋不相高下矣。

史稱「成祖疑惠帝亡海外，欲蹤跡之；且欲耀兵異域，示中國富强。」（明史卷三百四鄭和傳）其言雖有所據，然其宣示中國富强之念，蓋更勝於蹤跡惠帝之心。以明之經營南洋，不自成祖始，亦不止鄭和一人也。洪永二朝，使臣四出，其航行南海及印度洋中者，不下數十輩，可見其聲勢之隆。仁宗雖有停止寶船之舉，而宣宗在位，復慕成祖之前軌，重整其宣揚之事業。

然史書所載，當時頗以諸國入朝爲煩費之事。例如成祖實錄永樂十九年四月條云：「連年四方蠻夷朝貢之使，相望於道，實罷中國。」（明成祖實錄卷二百三十六）宣宗實錄宣德四年八月條云：「琉球國往來使臣，俱於福州停住，館穀之需，所費不貲。通事林惠鄭長所帶番梢從人二百餘人，除日給廩米之外，其茶鹽醯醬等物，出於里甲，相沿已有常例。乃故行刁蹬，勒折銅錢，及今未半年，已用銅錢七十九萬六千九百有餘。按數取足，稍或稽緩，輒肆詈毆。」（宣宗實錄卷五十八）宣德五年六月條云：「庚午上諭行在禮部臣曰：『聞西南諸番進貢海舶初到，有司封識，遣人入奏，俟有命然後開封起運，使人留彼，動經數月，供給皆出於民，所費多矣。其令廣東、福建、浙江三司，今後番船至，有司遣人馳奏，不必待報。三司官即令市舶司稱盤明注文籍，遣官同使人運送，庶省民間供饋。』」（宣宗實錄卷六十七）則其煩費之多，可以知矣。

當時國用支出，不但通番一事，而北京營建，功臣封賞，以及用兵安南等事，俱為繁費。明史夏原吉傳云：「當是時，兵革初定，論靖難功臣封賞，分封諸藩，增設武衞百司。已又發卒八十萬問罪安南，中官造巨艦通海外諸國，大起北都宮闕，供億轉輸，以鉅萬萬計，皆取給戶曹。原吉悉心計應之，國用不絀。」（明史卷一百四十九）原吉對於籌費之事，雖以一身肩其巨任，然實厭其繁費，故當成祖之崩，仁宗問以赦詔所宜，對以振饑，省賦役，罷西洋取寶船，及雲南交阯採辦，諸道金銀課諸事，皆從之。（明史夏原吉傳）嗣後宣德間，雖曾再下西洋，然未幾即無形停止。憲宗成化間，有中貴迎合上意者，舉永樂故事以告，詔索鄭和出使水程，兵部尚書項忠命吏入庫檢舊案不得，蓋先為車駕郎中劉大夏所匿。忠笞吏，復令入檢，三日，終莫能得。大夏祕不言，會臺諫論止其事。忠詰吏謂庫中案卷，寧能失去。大夏在旁對曰：「三保下西洋，費錢糧數十萬，軍民死且萬計，縱得奇寶而回，於國家何益。此特一敝政，大臣所當切諫者也。舊案雖存，亦當毀之，以拔其根，尚何追究其有無哉？」忠竦然聽之，降位曰：「君陰德不細，此位不久當屬君矣。」大夏後果至兵部尚書（殊域周咨錄卷八瑣里古里）。可見當時一般士大夫之心理，既視通使外國為一敝政，無怪乎成祖既死，鄭和且老，而航海事業，遂無有問津者矣。

（二）歐人勢力之東漸　當鄭和率衆西航　時，歐洲諸國，方始脫離黑暗時代，雖聞中國與印度之富饒及日本之多金寶，悠然爲之神往，然未有航行海上以探求新大陸者。歐人之從事航海事業首推葡西二國，尙在我國明憲宗（成化）、孝宗（弘治）、武宗（正德）、世宗（嘉靖）、神宗（萬曆）五朝之際。

當成化弘治年間，葡萄牙王約翰 (John) 二世在位，盛獎航業。明憲宗成化二十二年，葡人地亞士 (Bartholomew Diaz) 始達阿非利加洲南端，越大浪山 (Cabo Tormentos)，更名爲好望角 (Cape of Good Hope)。弘治十年，約翰一世殂，子以馬努利 (Emmanual) 二世嗣立，次年，其臣達伽瑪 (Vasco da Gama) 遂繞好望角，踰印度洋，抵南印度之馬拉巴爾，達伽瑪返報。十三年，復遣伽布拉耳 (Cabral) 等繼往，始闢殖民地於印度之哥利古特 (Kalikut) 與哥丁 (Cothin)。武宗正德五年，遂取印度西海岸臥亞 (Goa) 爲根據地，進略東岸及錫蘭島，尋復據滿剌加及爪哇。自鄭和經略南洋以後，中國人多往經商其地，與葡人漸相習，因之葡人益東進。九年，初航中國。後三年，達廣東。尋至寧波、廈門等處互市。世宗嘉靖四十二年，租借廣東之澳門（卽河瑪港）爲根據地，赴日本肥前、平戶、假館通市。自伽布拉耳東來之歲，至有明末年，凡一百數十年間，東洋商權，幾全爲葡人所壟斷。

方葡人之覓航路於非洲之南也，同時西班牙人亦分道揚鑣，訪尋於美洲一帶。明孝宗弘治五年，哥倫布（Columbus 義大利之熱那亞（Genova）人西王后所遣尋新地者）始探獲新大陸。十二年，亞美利哥（Amerigo Vespucce 義大利之佛羅稜蘭（Gloreuce）人從西葡人航海者）一再至南美北境，創爲游記地圖，其後遂以其名名全洲。至武宗正德八年，西人拜耳布（Balboa）始望見太平洋。十四年，麥哲倫（Magellon 葡人仕西者）遂具舟自巴西（Brazil）首途循南美東岸而南，渡一海峽，以已名名之（卽今麥哲倫海峽）。益西進，泛大洋，喜其風平浪靜，名之曰太平洋，是爲太平洋得名之由來，亦爲海客一周地球之始。世宗嘉靖四十四年，占據菲律賓（Philippine）羣島，建馬尼剌（Manila）埠。神宗萬曆八年，西王菲律賓二世兼王葡國，益振興商務，遂遣使來聘於明，請與互市。其商埠之在馬尼剌者，與我國貿易頗盛云（王桐齡新著東洋史第三篇第十八章明代之東西交通）。自歐人東漸，移殖印度及南洋一帶，於是我國勢力，一落千丈，鄭和偉業，邈不可尋矣。清季黃遵憲（公度）錫蘭臥佛詩云：

大風西北來，搖天海波黑，茫茫世界塵。點點國土墨。雖曰中國海，無從問禹跡。近溯唐南蠻，遠逮漢西域，舊時職貢圖，依稀猶可識。自明遣鄭和，使節馳絡繹，凡百馬流種，各各設重譯。金葉鑄多羅，玉環獻摩勒，每以佛光明，表頌帝威德。蘇祿率羣臣，浡泥挈盡室，蘭斑披繡縵，扶服拜赤墀。是雖蠻夷長，竊號公侯伯，比古小諸侯，尙足稱蒲璧。其他鳥了帥，爭亦附商舶，有詔鎭國山，碑立高百尺，以此明得意，比刻之罘石。及明中葉後，朝貢漸失職，豈知驀爾國，旣經三四摘。鐵圍薄福龍，大半供鳥食。我行過九眞，其次泊息力，婆羅左右望，羣島比蟣蝨。咸歸西道主，盡拔漢赤幟，日夕興亡淚，多於海水滴。……吁嗟古名國，興廢殊無常，羅馬善法律，希臘工文章，開化首埃及，今亦歸淪亡。念我亞細亞，大國居中央，堯舜四千年，聖賢代相望。大哉孔子道，上繼皇哉唐，血氣悉尊親，聲名被八荒。到今四夷侵，盡徹諸邊防，天若祚中國；黃帝垂衣裳。浮海率三軍，載書使四方，王威鎮象主，鬼族馴狼[月荒]。歸化獻赤土，頌德歌白狼，共尊天可汗，化外胥來航。遠及牛賀洲，鞭之如羣羊，海無烈風作，地降甘露祥。人人仰震旦，誰侮黃種黃，弱供萬國役，治則天下強。明王久不作，回顧心茫茫。（人境廬詩草卷六）

　　夫南洋之開拓，本以我國為先導，鄭和七次出使，即以南洋一帶為其經營之目的地。自鄭和老死，我國南洋勢力，仍未衰落。惟自明季以來，歐人爭之於前，日人攫之於後，先民遺澤，蕩然無存，能不汗顏。吾人讀黃氏之詩，撫今追昔，當知所以自奮者矣。

第三章　鄭和之生卒與年表

第一節　鄭和之生卒

鄭和生平對於明代國運之否泰，有極大之關係。明初軍政大事，不外四端：一曰元裔之平定，二曰雲南之收復，三曰西洋之出使，四曰兩京（南京北京）之營建，而靖難之後，為成祖帝業之所由成，亦即鄭和航海事業之所由啓。設成祖以燕王終位，則鄭和才智固不能儘量發展，而明初之對外關係，又成另一局面矣。

鄭和為我國之大航海家，其統率大䑸寶船縱橫印度洋之時，尚在歐人諸大航海家達伽瑪哥倫布等航海前數十年，此種空前之航海事業，應為東西交通史中之一大事。鄭和出使之事，雖見於正史稗官，且流傳委巷，演為戲劇，而其生卒年歲，闕焉不詳，讀鄭和歷史者，不能無所遺憾。對於鄭和生卒之考索，自法人伯希和 Paul Pelliot 後，若吳晗束世澂諸君，皆曾有所論列。茲分述如次：

（一）伯希和氏之推測　伯希和氏云：「有一種流行之說，謂鄭和的歿年在一四三一年（明宣宗宣德六年），確是一種誤會，此歿年在翟理斯（Giles）的人名辭典中（二七二條），雖見著錄，可是後面加了一個疑問符號。古郎（Courant）的目錄（四〇二四則），曾為無條件之轉錄。近來恆慕義（Hummel）在他所撰一個中國史家的自傳中（一三七頁），也照樣轉載。考鄭和第七次奉命通使南海之時，在一四三〇年陰曆六月，以王景弘爲副。他們經蘇門答剌忽魯謨斯等國（見明史卷三〇四卷三二五卷三二六）。乃考後來說到的費信足本星槎勝覽卷首所載旅行次數同經歷的國名，說他在宣德六年（一四三一）隨鄭和經諸番，直抵忽魯謨斯等國，而在一四三三年回京。這個一四三〇同一四三一兩個出發年代之差異，不難解釋。麥耶兒思在中國雜誌第三冊三二九至三三〇頁中所譯之文，祇能算是鄭和此次所歷停泊諸港的名錄。此文表示鄭和在一四三一年全年中逗留浙江福建兩地，並確定他歸京（南京）之時在一四三三年七月二十二日，其中毫無使人想到鄭和歿於半道之事。又一方面，一四三四年時王景弘曾單獨往使蘇門答剌（明史卷三二五），或者鄭和此時已死，或者年老不能作第八次之旅行。他死的地方應是南京，相傳其墓尙在。」（馮承鈞譯鄭和下西洋考）伯氏所推鄭和歿年，相差不遠，王景弘之單獨出使，蓋因和已老病，非已前卒也。至其所卒地方及墓穴所在，亦不可知。據同治上江兩縣志所載，南京牛首山（在南京城南二十七里，高二百四十八公尺。）有陳宣帝顯寧陵，宋王益墓，尙書兵部郎中刁衎墓，明太祖李賢妃墓，仁宗貞靜張順妃墓，駙馬梅殷墓，駙馬胡觀墓，太監鄭和墓（注在牛首山麓，（知府王銑墓。但鄭和之墓遍歷四周，無片石可證。僅山北四五里有明守備南京司禮太監鄭强墓而已（朱偰金陵古蹟圖考第一章金陵之形勢）。

（二）吳晗君之推測　吳晗君云：「明初諸將用兵邊境，有閹割俘虜幼童之習慣。鄭和當卽洪武十四年（西元一三八一年）定雲南時所俘被閹之幼童。初侍燕王時，其年當在十歲以內。靖難兵起時適爲三十歲左右之壯年軍官。是後七奉使海外，歷成祖宣宗三朝，最後一次之出使，爲宣德五年（一四三〇），不久卽老死。則其生卒年約爲 1371-1435 AD.，存年約六十五位詔於天」（清華學報十一卷第一期吳晗十六世紀前之中國與南洋）吳君推測，頗爲合理。

（三）東世澂君之推測　東世澂君云：「明史鄭和本傳的缺點，是沒有鄭和生卒年月。照「和亦老且死」看起來，大約死於宣德年間。宣德八年鄭和回國，宣德只有十年，宣德十年九月英宗以王振掌司禮監，司禮監本是鄭和的本官，王振想是在鄭和死後繼任的。鄭和的卒年據此推算，大約是在宣德十年。洪武十三年燕王棣之國（一三八〇），十五年馬哈只死，鄭和事燕王於藩邸，年齡不得過十歲。他的生年，約在洪武六年（一三七三）以後，享年約六十歲（鄭和南征記）。」東君所推鄭和卒年，雖大致不誤，至其生出之年尚待考證。

據上所述，鄭和之卒年，大體無問題，至其生年，因鄭和壽齡無明確數字可考，難以決泥傳王未有新材料發見以前，尚需存疑。玆姑就吳晗君所推算者爲標準，而繫考其生平之大事。

第二節　鄭和之年表

依據吳晗君之推測，鄭和生於明太祖洪武四年辛亥，卒於明宣宗宣德十年乙卯，當西元一三七一至一四三五年之間，享年六十有五。雖爲中壽，但較其父之年齡，已多二十六歲矣。其一生生活，可劃分爲兩大階段，大抵在三十五歲以前，出入戎馬，建立軍功，爲軍事生活時期。三十五歲以後，折衝樽俎，從事交涉，爲外交生活時期。而其外交生活關繫尤爲重要。和在海上三十年，開讀賞賜，諸國震服，雖由其才辯之高明，亦由以武力爲後盾。史稱自和後凡將命海表者，莫不盛稱和以夸外番，故俗稱三保太監下西洋爲明初盛事，良不虛也。雖然，一種事業之成就，必有其一時代之環境，政府提倡於上，國民隨從於後，其事業乃能發揚光大。明初對於西南諸海國之通使，鄭和雖爲其中心之人物，然鄭和以前，鄭和以後，以及鄭和同時航海出使活動於南海及印度洋一帶者，亦實繁有徒。舉其著者：例如使臣劉叔勉於洪武二年使西洋瑣里，使臣塔海帖木兒於洪武三年使瑣里。御史張敬，福建行省都事沈秩於洪武三年使浡泥闍婆（爪哇）。中官永慶於永樂元二年使爪哇、滿剌加、柯枝、古里等國。副使聞良輔，行人寧善，於永樂二年使蘇門答剌，西洋瑣里二國。中官馬彬，於永樂二年後使西洋瑣里，中官張謙，行人周航，於永樂二年送浡泥王還國。中官甘泉於永樂十年送滿剌加國王姪回國，中官侯顯於永樂十三年奉使榜葛剌，皆與鄭和出使之目的相同。可見明初洪武永樂宣德三朝之强盛及其傳播國威之廣，非其他朝代所能企者。玆將鄭和環境，分「生前」，「當世」，「卒後」三部份，列爲年表如次：

明太祖洪武元年戊申（西元一三六八年）生前三歲

一、正月乙亥，祀天地於南郊，卽皇帝位。定有天下之號曰明，建元洪武。丙子，頒卽位詔於天下。（明史卷二太祖本紀）

二、十月戊寅，以元都平，詔告天下。（明史卷二太祖本紀）

洪武二年己酉（西元一三六九年）生前二歲

一、六月己卯，常遇春克開平，元帝北走。（明史卷二太祖本紀）

二、是年遣官以卽位詔諭占城。未幾，命中書省管勾甘桓，會同館副使路景賢，齎詔封阿答刺及爲占城國王。（明史卷三百二十四占城傳）

三、是年遣使以卽位詔諭爪哇。（明史卷三百二十四爪哇傳）

四、是年使臣劉叔勉以卽位詔諭西洋瑣里。（明史卷三百二十五西洋瑣里傳）

五、是年定番王朝貢禮，遣使之番國儀，及番國遣使進表儀。（明史卷五十六禮景十）

六、是年安南占城入貢（明史卷二太祖本紀）

洪武三年庚戌（西元一三七〇年）生前一歲

一、四月乙丑，封皇子樉爲秦王，棡爲晉王，棣爲燕王，橚爲吳王，楨爲楚王，榑爲齊王，梓爲潭王，杞爲趙王，檀爲魯王。（明史卷二太祖本紀）

二、是年遣使臣郭徵等齎詔撫諭眞臘。（明史卷三百二十四眞臘傳）

三、是年命使臣呂宗俊等齎詔諭暹羅。（明史傳三百二十四暹羅傳）

四、是年遣行人趙述詔諭三佛齊。（明史卷三百二十四三佛齊傳）

五、是年八月，御史張敬之，福建行省都事沈秩往使浡泥。（明史卷三百二十四浡定。在

六、是年命使臣塔海帖木兒齎詔撫諭瑣里（明史卷三百二十五瑣里傳）

七、是年遣使往祀占城國山川。（明史卷三百二十四占城傳）

八、是年占城、爪哇、西洋入貢。（明史卷二太祖本紀）

洪武四年辛亥（西元一三七一年）一歲

一、鄭和生雲南昆陽州，其父哈只年二十有八（李至剛故馬公墓誌銘）。昆陽州屬雲南府，北距府一百五十里，領縣二，三泊、易門。（明史卷四十六地理志）

二、正月，帝遣使諭明昇，欲假道四川以征雲南，昇不奉詔。又遣吳友仁寇邊，帝乃決意討之。（夏燮明通鑑卷四）

三、是年安南、浡泥、三佛齊、暹羅、眞臘入貢。（明史卷二本紀）

洪武五年壬子（西元一三七二年）二歲

一、正月，遣翰林院待制王禕使雲南招諭梁王，不聽，館之別室。（明史卷二百八十九王禕傳）

二、正月命行人楊載以即位建元詔告琉球。（明史卷三百二十三琉球傳）

三、以天妃林氏有護海運舟功，封孝順純正孚濟感應聖妃。（閩書）

四、是年瑣里，占城，琉球入貢，論自後三年一貢。（明史卷二太祖本紀）

洪武六年癸丑（西元一三七三年）三歲

一、是年夏京師（南京）城成，周九十六里，門十有三，外城周一百八十里，門十有六。（明通鑑卷五）

二、十二月，翰林院待制王禕遇害於雲南，其後追贈翰林院學士，謚文節，復改謚文忠。（同上）

三、是年暹羅、占城、眞臘、三佛齊入貢，命安南陳叔明權知國事。（明史卷二太祖本紀）

洪武七年甲寅（西元一三七四年）四歲

一、八月，遣元威順王子伯伯賫詔雲南諭梁王。（明通鑑卷五）

二、是年暹羅、琉球、三佛齊入貢。（明史卷二太祖本紀）

洪武八年乙卯（西元一三七五年）五歲

一、九月，帝以雲南久不下，議再遣使拒諭梁王。時吳雲爲湖廣行省參政，召至，語之曰：「今天下一家，獨雲南不奉正朔，殺我使臣，卿能爲朕作陸賈乎」？雲頓首請行。爲梁王臣鐵知院等所殺，與王禕並祀京師，額其祠曰二忠。（明史卷二百八十九吳雲傳）

二、是年浡泥國山川附祀福建山川之次。（明史卷三百二十五浡泥傳）

二、是年占城、暹羅、爪哇、三佛齊入貢。（明史卷二太祖本紀）

洪武九年丙辰（西元一三七六年）六歲

一、九月，皇次孫允炆（卽建文帝）生。（考異：諸書有系之八年九月者，今據憲章錄及建文朝野彙編）。（明通鑑卷六）

二、十月，命秦、晉、燕、吳、楚、齊諸王治兵中都。（同上）

三、是年覽邦、琉球、安南入貢。（明史卷二太祖本紀）

洪武十年丁巳（西元一三七七年）七歲

一、正月，帝將遣秦、晉、燕王之國，詔以御前羽林迊軍益三府護衛。（明通鑑卷六）·

二、自八年改建大內宮殿，是年告成，制度如舊，規模益弘。（同上）

三、是年暹羅世子昭祿羣膺承其父命來朝，帝喜，命禮部員外郎王恒等齎詔及印賜之，文曰暹羅國王之印，並賜世子衣幣及道里費。（明史卷三百二十四暹羅傳）

四、是年占城、三佛齊、暹羅、爪哇、眞臘入貢。（明史卷二太祖本紀）

洪武十一年戊午（西元一三七八年）八歲

一、是年暹羅、闍婆、琉球、占城、三佛齊、彭亨、百花入貢。（明史卷二太祖本紀）

洪武十二年己未（西元一三七九年）九歲

是年占城、爪哇、暹羅、安南入貢。（明史卷二太祖本紀）

洪武十三年庚申（西元一三八〇年）十歲

三月，燕王棣之國北平。（明史卷三太祖本紀）

是年琉球、安南、占城、眞臘、爪哇入貢。（同上）

洪武十四年辛酉（西元一三八一年）十一歲

一、九月命潁川侯傅友德爲征南將軍，永昌侯藍玉，西平侯沐英爲左右副將軍，師步騎三十萬征雲南。師行，親餞之龍江（明通鑑卷七）

二、十二月，藍玉沐英趨雲南，梁王焚其龍衣，驅妻子赴滇池死。玉英等師至雲南之板橋，元右

丞觀音保以城降，玉等整軍入，秋毫無犯。改中慶路曰雲南府。(同上)

三、是年暹羅，安南、爪哇入貢、以安南寇思明不納。(明史卷二太祖本紀)。

洪武十五年壬戌(西元一三八二年)十二歲

一、正月，命編修瑪實伊克(舊作馬沙亦黑)等編類蒙古譯語，分天文、地理、人事、物類、服食器用等項。(明通鑑卷七)

二、二月，以雲南平，詔告天下。(同上)

三、三月，藍玉遣兵攻拔三營萬戶砦，更定雲南所屬府五十二，州六十三，縣五十四。傅友德遣使送元梁王家屬及元威順王子伯伯等三百十八人至京師。(同上)

四、七月初三日，鄭和父馬哈只卒，享年三十九歲。長兄文銘，奉柩安厝於寶山鄉和代村之原。(李撰故馬公墓誌銘)是時鄭和當已於去年明軍平雲南時，入傅友德或藍玉等軍中矣。其父哈只，因遭離亂而遂卒歟？

五、是年爪哇、琉球、占城入貢。(明史卷三太祖本紀)

洪武十六年癸亥(西元一三八三年)十三歲

一、三月詔穎川侯傅友德，永昌侯藍玉班師，留西平侯沐英師衆數萬塡滇中。自此沐氏遂世守雲南。(明通鑑卷八)

二、是年琉球、占城、暹羅、須文達那(或云即蘇門答剌)入貢。(明史卷三太祖本紀)

洪武十七年甲子（西元一三八四年）十四歲

一、三月征南將軍傅友德、左副將軍藍玉班師還京師，大賚將士，封賞有差。友德征滇，帝前後下璽書數十，懸斷萬里外，委曲皆中，友德奉行不敢失。因土俗，定租賦，興學校，廣屯田，遠邇悅服，威望益隆。（明通鑑卷八）

二、同月，秦、晉、燕、周、楚、齊六王來朝。（同上）

三、是年琉球、暹羅、安南、占城入貢。（明史卷三太祖本紀）

洪武十八年乙丑（西元一三八五年）十五歲

一、八月，命宋國公馮勝，潁國公傅友德，永昌侯藍玉俱備邊北平。（明通鑑卷八）此年鄭和或隨傅友德或藍玉軍至北平，轉輾從征伐於塞外。

二、是年譯字崐山費信（公曉）生。（星槎勝覽自序）

三、是年琉球、安南、暹羅入貢。（明史卷三太祖本紀）

洪武十九年丙寅（西元一三八六年）十六歲

一、十二月，命宋國公馮勝，分兵防邊，發北平、山東、山西、河南民運糧於大寧，將征納克楚也。（明通鑑卷九）

二、是年遣行人劉敏、唐敬偕中官齎磁器往賜眞臘。（明史卷三百二十四眞臘傳）

三、是年琉球，暹羅，占城，安南入貢。（明史卷三太祖本紀）

洪武二十年丁卯（西元一三八七年）十七歲

一、正月，帝以元故將納克楚擁衆數十萬屯金山，數爲邊患，命馮勝爲征虜大將軍，傅友德藍玉爲左右副將軍，率師二十萬衆征之。（明通鑑卷九）

二、五月，納克楚詣藍玉軍營降，遣降將和通往諭其衆，始定。凡降士卒四萬餘，羊馬駝驢輜重亘百餘里。（同上）

三、是年琉球、安南、占城、眞臘入貢。（明史卷三太祖本紀）

洪武二十一年戊辰（西元一三八八年）十八歲

一、八月，藍玉肅清沙漠，又破元丞相哈剌章於和林，獲人畜六萬。師還，大賚將士。（明通鑑卷九）

二、九月，秦、晉、燕、周、楚、齊、湘、魯、潭九王皆來朝。（同上）

三、是年占城、琉球、暹羅、眞臘、安南入貢，詔安南三歲一朝，象犀之屬毋獻。（明史卷三太祖本紀）

洪武二十二年己巳（西元一三八九年）十九歲

一、正月，改大宗正院曰宗人府，設令一人，左右宗正宗人各一人，並以親王領之。尋以秦王樉爲宗人令，晉王棡，燕王棣爲左右宗正，周王橚，楚王楨爲左右宗人。（明通鑑卷九）

二、是年安南、占城、暹羅、眞臘入貢。（明史卷三太祖本紀）

洪武二十三年庚午（西元一三九〇年）二十歲

一、正月，帝以元故丞相耀珠鼐爾布哈等尙爲邊患，又諸王封國凡並塞居者，宜令謹邊防，預軍務，乃命晉王棡，燕王棣師北伐，並命潁國公傅友德帥北平兵從燕王，定遠侯王弼帥山西兵從晉王，皆授征虜將軍，受二王節制。（明通鑑卷十）是年傅友德之軍卽受燕王節制，則鄭和之入燕邸，當在是時。

二、三月，燕王傅友德等出古北口，師次伊都，鼐爾布哈與耀珠等同詣大軍降。捷至京師，帝大悅曰：「肅淸沙漠，燕王功也。」是時元降軍先後歸附，其至北平者，皆聽燕王調用，燕兵自此益彊。（同上）

三、是年占城、眞臘、琉球、暹羅入貢。（明史卷三太祖本紀）

洪武二十四年辛未（西元一三九一年）二十一歲

一、正月，命傅友德等備邊北平，封燕晉諸藩，歲造大將巡行塞下。（明通鑑卷十）

二、是年琉球、暹羅入貢，以占城有篡逆事，卻之。（明史卷三太祖本紀）。

洪武二十五年壬申（西元一三九二年）二十二歲

一、正月，晉王棡、燕王棣、楚王楨、湘王柏皆來朝。（明通鑑卷十）

二、九月，以皇太子薨，立孫允炆爲皇孫。允炆，懿文太子第二子也。（考異：此據明史劉三吾傳。按諸書所記，有太祖言吾欲立燕王，及三吾對言置秦晉二王於何地，皆成祖再改之實錄，

橫雲山人悉據之，惜明史刪去，書法謹嚴）。（同上）
三、是年琉球、中山、山南入貢。（明史卷三太祖本紀）
洪武二十六年癸酉（西元一三九三年）二十三歲
一、二月，涼國公藍玉坐謀反伏誅。（明通鑑卷十）
二、三月，詔馮勝傅友德備邊山西北平，其屬衞將校，悉聽晉燕二王節制，軍事大者方奏聞。（同上）
三、八月，秦、晉、燕、周、齊五王來朝。（同上）
四、是年琉球、爪哇、暹羅入貢。（明史卷三太祖本紀）
洪武二十七年甲戌（西元一三九四年）二十四歲
一、四月，以舊定番王朝貢禮煩瑣，命更定之。（明史卷五十六禮志）
二、九月，奉勅輯寰宇通志，書成。計封域廣輪之數，東起朝鮮，西控土番，南包安南，北距大磧。凡東西一萬一千七百五十里，南北一萬九百四里。（明通鑑卷十）
三、十一月，潁國公傅友德坐事誅。（同上）
四、是年琉球、爪哇入貢。安南來貢却之。（明史卷三太祖本紀）
洪武二十八年，乙亥（西元一三九五年）二十五歲
一、正月，命周王橚，晉王棡帥河南山西諸衞軍出塞屯田，燕王棣帥總兵官周興出遼東塞，並諭

晉燕二王以備邊十事。（明通鑑卷十一）。

二、是年暹羅世子昭祿羣膺遣使朝貢，且告父喪，命中官趙達等往祭，敕世子嗣王位，賜賚有加。（明史卷三百二十四暹羅傳）

三、是年琉球、暹羅入貢。（明史卷三太祖本紀）

洪武二十九年丙子（西元一三九六年）二十六歲

一、三月，燕王帥諸軍北至至察察爾（舊作徹徹兒）追之，將至烏梁海城而還。（明通鑑卷十一）

二、是年琉球、安南入貢。（明史卷三太祖本紀）

洪武三十年丁丑（西元一三九七年）二十七歲

一、十二月，改侍儀司爲鴻臚寺，陞秩正四品，設官六十二員。又設外夷通事隸焉。（明通鑑卷十一）

二、是年琉球、占城、暹羅入貢。（明史卷三太祖本紀）

洪武三十一年戊寅（西元一三九八年）二十八歲

一、閏五月，帝崩於西宮，年七十一，皇太孫卽位，大赦天下，詔以明年爲建文元年。（明史卷三太祖本紀）

二、六月，以齊泰爲兵部尙書，黃子澄爲太常卿兼翰林院學士，同參軍國事，建削藩之議。（明通鑑卷十一）

三、十一月，以工部侍郎張昺爲北平布政使，都指揮使謝貴張信掌北平都指揮使司，並受密旨伺察燕事。（同上）

四、是年費信年十四，代兄當軍於太倉衞。（星槎勝覽自序）

五、是年暹羅、占城入貢。（明史卷四恭閔帝本紀）

明惠帝建文元年己卯（西元一三九九年）二十九歲

一、三月，遣刑部尙書暴昭，戶部侍郎夏原吉等二十四人充採訪使，分行天下。昭至北平，得燕王諸不法狀，密奏之。（明通鑑卷十二）

二、七月，暴昭逮燕府官屬，燕王擧兵反，指斥齊泰黃子澄爲奸臣。自署官屬稱其師曰「靖難」。齊泰請削燕屬籍，聲罪致討，遂定議伐燕，布告天下。（同上）

建文二年庚辰（西元一四〇〇年）三十歲

一、四月，大將軍李景隆自德州進兵北伐，武定侯郭英，安陸侯吳傑等自眞定進兵，期會于白溝河。燕王見事急，親冒矢石，景隆潰而南，棄其器械輜重殆盡。（明通鑑卷十二）

二、六月，帝聞濟南圍急，用齊泰黃子澄計，遣使赦燕罪，以緩其師，燕王不聽。（同上）

建文三年辛巳（西元一四〇一年）三十一歲

一、閏三月，帝以夾河之敗，罷齊泰黃子澄，謫於外，蓋使之募兵也。（明通鑑卷十二）

二、四月帝命方孝孺草詔遣大理寺少卿薛嵓馳報燕，盡赦燕罪，使罷兵歸藩，燕王不聽。（同上）

建文四年壬午（西元一四〇二年）三十二歲

一、五月，燕師次六合，南軍敗績，詔天下勤王。遣御史大夫練子寧，右侍中黃觀，修撰王叔英等，分道徵兵，召齊泰黃子澄還。（明通鑑卷十三）

二、六月，燕兵犯金川門，左都督徐增壽謀內應，伏誅。谷王橞及李景隆叛，納燕兵，都城陷。宮中火起，帝不知所終。燕王遣中使出帝后屍於火中，越八日葬之。或云帝由地道出亡。（明史卷四恭閔帝本紀）

明成祖永樂元年癸未（西元一四〇三年）三十三歲

一、正月己卯朔，帝御奉天殿受朝賀，宴文武羣臣及屬國使。（明通鑑卷十四）

二、同月，詔以北平為北京。二月設北京留守行後軍都督府，改北平曰順天府。（同上）

三、四月，司禮監太監侯顯使西域，徵番僧，自是中官銜命異域者，先後接踵。（明史卷三百四侯顯傳）

四、五月辛巳，命福建都司造海船百三十七艘。（明成祖實錄卷二十上）

五、八月，姚廣孝題記鄭和刊印摩利支天經云：「今菩薩弟子戒鄭和，法名福善，施財命工刊印流通，其所得勝報，非言可能盡矣。一日，懷香過余請題，故告以此。永樂元年歲在癸未秋八月二十又三日，僧錄司左善世沙門道衍（摩利支天經跋尾）。和之受菩薩戒為佛門弟子，或係受姚氏之影響也。

六、是年遣行人蔣賓興、王樞使占城，賜以絨錦織金文綺紗羅。（明史卷三百二十四占城傳）

七、是年遣行人蔣賓興、王樞以即位詔諭眞臘。（明史卷三百二十四眞臘傳）（殊域周咨錄作御史尹綬）

八、是年八月命給事中王哲，行人成務賜暹羅王錦綺。九月，命中官李興等齎敕勞賜其王，其文武諸臣，並有賜。（明史卷三百二十四暹羅傳）

九、是年行人力邊信劉亢齎敕使琉球、中山、山南、山北三國，賜以絨錦文綺紗羅。（明史卷三百二十三琉球傳）

十、是年遣副使聞良輔，行人寧善賜爪哇王絨錦、織金、文綺、紗羅。使者既行，其西王遣使入賀，復命中官馬彬等賜以鍍金銀印。已而東王亦遣使請印，命遣官賜之。（明史卷三百二十四爪哇傳）

十一、是年十月，遣中官尹慶使滿剌加，賜以織金、文綺、銷金、帳幔諸物，其酋拜里迷蘇剌大喜，遣使隨慶入朝。（明史卷三百二十五滿剌加傳）

十二、是年命副使聞良輔，行人寗善使西洋瑣里，賜絨錦、文綺、紗羅。已復命中官馬彬往賜如例。（明史卷三百二十五西洋瑣里傳）

十三、是年命中官尹慶奉詔撫諭古里，齎以綵幣。（明史卷三百二十六古里傳）

十四、是年遣中官尹慶齎詔撫諭柯枝，賜以銷金、帳幔、織金、文綺、綵帛及華蓋。（明史卷三

百二十六柯枝傳）

十五、是年琉球、中山、山北、山南、暹羅、占城、爪哇西王、刺泥、安南入貢。（明史卷六成祖本紀）

永樂二年甲申（西元一四〇四年）三十四歲

一、正月初一日，御書鄭字，賜以爲姓，乃名鄭和。選爲內官監太監。（鄭和家譜）

二、同月壬戌，命京衛造海船五十艘。癸亥，將遣使西洋諸國，命福建造海船五艘。（明成祖實錄卷二十七）

三、是年遣副使聞良輔，行人寧善賜蘇門答剌酋織金、文綺、絨錦、紗羅招徠之。中官尹慶使爪哇，便道復使其國。（明史卷三百二十五蘇門答剌傳）

四、是年占城、琉球、山北、山南、爪哇、眞臘入貢。暹羅、琉球、中山入貢者再。（明史卷六成祖本紀）

永樂三年乙酉（西元一四〇五年）三十五歲

一、五月初五日，賓善大夫禮部尙書兼左春坊大學士李至剛撰鄭和父故馬公墓誌銘。

二、六月，命浙江等都司造海舟千一百八十艘。（明成祖實錄卷四十三）

三、同月己卯，鄭和等第一次齎勅諭出使西洋諸國。（同上）

四、九月，封拜里迷蘇爲滿剌加國王，賜誥印、綵幣、襲衣、黃蓋。復命中官尹慶往使，幷封其

國之鎮山，御製碑文，勒石其上。（明史卷三百二十五滿剌加傳）

五、十月，遣官齎璽綵幣撫諭婆羅（文萊）國王。（明史卷三百二十三婆羅傳）

六、同月，遣官齎詔諭呂宋。（明史卷三百二十三呂宋傳）

七、同月，遣使齎璽書賜物，招諭麻葉甕。（明史卷三百二十三麻葉甕傳）

八、是年眞臘遣使來告故王之喪，命鴻臚寺序班王孜致祭，給事中畢進，中官王綜齎詔封其嗣子參烈照平牙爲王。（明史卷三百二十四眞臘傳）。

九、是年以行人譚勝受與梁道明同邑，命偕千戶楊信等齎勅招之，道明及其黨鄭伯可隨入朝貢。（明史卷三百二十四三佛齊傳）

十、是年冬，浡泥國王麻那惹加那遣使入貢，乃遣官封爲國王，賜印誥敕、符、勘合、錦綺、綵幣，王大悅，率妃及弟妹子女陪臣泛海來朝。（明史卷三百二十五浡泥傳）

十一、是年封沙米的喜爲古里國王，賜印誥及文綺諸物。（明史卷三百二十六古里傳）

十二、是年遣使齎璽書綵幣撫諭南巫里國。（明史卷三百二十六南巫里傳）

十三、是年以諸番貢使來者益多，乃置驛於福建、浙江、廣東三舶司以館之。福建曰來遠，浙江曰安遠，廣東曰懷遠。厥後平安南，復設交阯雲南市舶提舉司，接西南諸國朝貢者，悉以中官領之。（明通鑑卷十四）

十四、是年蘇門答剌、滿剌加，古里，浡泥來貢。日本貢馬幷俘獲倭寇爲邊患者。爪哇東西、占

城、碟里、日羅夏治、合貓里入貢；暹羅、琉球、山南、山北入貢者再，琉球、中山入再者三。（明史卷六成祖本記）

永樂四年丙戌（西元一四〇六年）三十六歲

一、鄭和等第一次出使西洋諸國。

二、潤七月下詔以明年五月建國北京宮殿，分遣大臣宋禮等采木於四川、湖廣、江西、浙江、山西等處，命泰寧侯陳珪董治其事。（明通鑑卷十五）

三、十二月，侯顯與西藏番僧哈立麻偕來，詔駙馬都尉沐昕迎之，延見奉天殿，寵禮優渥。（明史卷三百四侯顯傳）

四、是年暹羅、占城、浡泥、琉球、中山、山南、婆羅入貢。爪哇東西真臘入貢者再。琉球進閹人，還之。（明史卷六成祖本記）

永樂五年丁亥（西元一四〇七年）三十七歲

一、六月，以安南平，詔告天下。改安南曰交趾，設府州縣以控制之。（明通鑑卷十五）

二、九月壬子，鄭和等第一次出使西洋諸國還。（明成祖實錄）

三、九月乙卯，命都指揮汪浩改造海運船二百四十九艘，備使西洋諸國（明成祖實錄卷七十一）

四、同月戊午，新建南京龍江天妃廟成，遣太常寺少卿朱焯祭告。時鄭和使古里、滿剌加諸國歸，言神多感應，故有是命。（同上）

五、十一月，命浙江、湖廣、江西造海運船十六艘。（同上）

六、同月，特命戶科給事中胡濙頒御製諸書，並訪仙人張邋遢，徧行天下州郡鄉邑。時鄭和已還，帝終疑建文帝遜國事，故以訪異人爲名，陰物色之。濙奉詔出，垂十年乃還，所至亦間以民隱聞。（明通鑑卷十五）

七、是年以占城助兵討安南，遣中官王貴通齎敕及銀幣賜之。（明史卷三百二十四占城傳）

八、是年復命鄭和等第二次出使西洋爪哇、古里、柯枝等國。（長樂天妃靈應碑記）

九、是年琉球、中山、山南、婆羅、阿魯、蘇門答剌、滿剌加、小葛蘭入貢。（明史卷六成祖本紀）

永樂六年戊子（西元一四〇八年）三十八歲

一、鄭和第二次出使西洋諸國。

二、正月丁卯，命工部造寶船四十八艘。（明成祖實錄卷七十六）

三、二月，命浙江金鄉等衞改造海運船三十七艘。（同上）

四、六月，詔罷北京諸司不急之務，及買辦，以蘇民困。流民來歸者，復三年。（明通鑑卷十五）

五、八月，下詔以明年二月巡幸北京，命皇太子監國，親王止離皇城一程迎候，官吏軍民於境內朝見，非經過之處毋得出境，凡道途供應皆已節備，有司不得有所進獻。尋命禮部頒巡狩禮，並行直省，凡有軍事及四夷來朝與進表者，俱達行在所，小事達京師啓皇太子奏聞。（同上）

六、同月，命中官張原送暹羅貢使還國，賜王幣帛，令厚恤被殺者之家。九月，鄭和使其國。（明史卷三百二十四暹羅傳）

七、同月，浡泥國王來朝，至京。十月，卒於會同館，謚曰恭順。立碑建祠，致祭。（明史卷三百二十五浡泥傳）

八、是年遣中官張謙行人周航護浡泥國王行。并封其國鎮山爲長寧鎮國之山，御製碑文，勒于其上。（同上）

九、是年浡泥，暹羅、榜葛剌、満加施蘭、爪哇、琉球、中山、山南入貢。（明史卷六成祖本紀）

永樂七年己丑（西元一四〇九年）三十九歲

一、二月甲戌朔，鄭和勒刊錫蘭山寺供施碑，以崇皇圖之治。（碑文另見）

二、同月壬午，車駕發京師，皇太子監國。命吏部尚書蹇義、兵部尚書金忠、右春坊大學士黃淮、左諭德楊士奇、留輔太子。戶部尚書夏原吉、右諭德金幼孜、翰林學士胡廣、右庶子楊榮扈從。三月壬戌，車駕至北京。（明鑑卷十五）

三、三月，以夏原吉兼署行在禮兵二部及都察院禮部尚書，趙羾兼署行在刑部兵部侍郎，方賓晉本部尚書，兼署行在吏部。（同上）

四、十月壬戌，命江西、湖廣、浙江及蘇州等府衛造海船五艘。（明成祖實錄卷九十七）

五、十二月丁未，命揚州等衛造海船五艘。（明成祖實錄卷九十九）

六、是年鄭和等第二次奉使還，復第三次奉命出使西洋諸國。（長樂天妃靈應碑記）
七、是年加封天妃林氏爲護國庇民妙靈昭應弘仁普濟天妃。（使琉球雜錄）
八、是年暹羅送歸逃人何八觀等，命張原齎敕幣獎之。（明史卷三百二十四暹羅傳）
九、是年滿剌加、古里、占城、蘇門答剌、琉球、中山、山南入貢。暹羅、榜葛剌入貢者再。（明史卷六成祖本紀）

永樂八年庚寅（西元一四一〇年）四十歲

一、鄭和等第三次出使西洋諸國。
二、二月戊戌，帝將親征，命皇長孫瞻基留守北京。命戶部尚書夏原吉輔導，兼掌行在部院事。丁未，車駕發北京，學士胡廣、庶子楊榮、諭德金幼孜從。七月壬午，車駕至北京，御奉天殿受朝賀。（明通鑑十五）
三、十月丁酉，車駕發北京，十一月甲戌，車駕還京師。（同上）
四、是年浡泥、呂宋、馮嘉施蘭、蘇門答剌，榜葛剌入貢。占城貢象，琉球、中山、爪哇、暹羅貢馬。琉球中山入貢者三。（明史卷六成祖本紀）

永樂九年辛卯（西元一四一一年）四十一歲

一、正月辛未陞錦衣衛百戶馬貴爲本衛指揮同知，錄其奉使西洋古里等處勞績也。（明成祖實錄）
二、六月乙巳，鄭和等第三次使西洋諸國還，獻所俘錫蘭山國王亞烈苦奈兒幷其家屬。（同上）

三、同月庚戌，帝以奉使西洋官軍航海勞苦，且去家日久，其至京者，命禮部引見賜勞，凡七百四十五人，賜鈔五千一百五十錠。(同上)

四、十月辛丑，命浙江臨山、觀海、定海、寧海、昌國等衛造海船四十八艘。(明成祖實錄卷百二十)

五、是年滿剌加國王率妻子陪臣五百四十餘人來朝，命中官海壽，禮部郎中黃裳等宴勞有加，帝御奉天殿賜宴。(明史卷三百二十五滿剌加傳)

六、是年蘇門答剌王弟哈利之漢來朝，卒於京，命贈鴻臚少卿。(明史卷三百二十五蘇門答剌傳)

七、是年滿剌加、爪哇、榜葛剌、古里、柯枝、蘇門答剌、阿魯、彭亨、急蘭丹、南巫里、暹羅入貢。琉球，中山入貢者三。(明史卷六成祖本紀)

永樂十年壬辰(西元一四一二年)四十二歲

一、三月戊子，賜馬鐸等進士及第出身有差。(明通鑑卷十六)案罪惟錄云：「永樂十年壬辰，試貢士，得林誌等一百人，上親覽試策，稱馬鐸氣象廣大，賜鐸及林珏等及第出身有差。(罪惟錄志十八科舉志)又元明事類鈔引泳化編云：「永樂時，馬鐸為狀元，林誌居二，誌每誚鐸無學狀元，至互爭於廷。上聞之，召入曰：『朕試汝一對，佳者即眞狀元』。御題『風吹不響鈴兒草』，鐸即應聲『雨打無聲鼓子花』上大稱許，誌竟不能對。蓋鐸幼時夢神語以七字，至是用之也。(元明事類鈔卷十二神語佳對)鐸字彥聲，長樂人，永樂壬辰第一人及第，除修撰，有

玉巖集。誌字尚默，閩縣人，永樂壬辰第二人及第，授編修，歷修撰，侍讀，右春坊諭德，有蔀齋集十五卷（明詩紀事乙籤卷十）

二、九月。浡泥國王遐旺偕其母來朝，明年二月辭歸。（明史卷三百二十五浡泥傳）

三、是年鄭和等奏建長樂南山行宮（南山寺），以爲官軍祈報之所。（長樂天妃靈應碑記）（乾隆長樂縣志祥異門云：「永樂十年，三寶太監駐軍十洋街，人物輳集如市」）。

四、是年命中官洪保等往暹羅賜幣。（明史卷三百二十四暹羅傳）

五、是年滿剌加國王姪入謝，及辭歸，命中官甘泉偕往。（明史卷三百二十五滿剌加傳）

六、是年遣使封柯枝國鎮山，御製碑文，勒石其上。（明史卷三百二十六柯枝傳）

七、是年浡泥、占城、滿剌加、榜葛剌、蘇門答剌、南浡利、琉球、山南入貢。（明史卷六成祖本紀）

永樂十一年癸巳（西元一四一三年）四十三歲

一、二月甲子，帝幸北京，皇太孫從，以尚書蹇義、學士黃淮、諭德楊士奇、洗馬楊溥輔皇太子監國。乙丑，車駕發京師。四月己酉，車駕至北京，御奉天殿受朝賀。並於是日祭告天地，及遣官祭北京山川城隍之神。（明通鑑卷十六）

二、二月，中官李達、吏部員外郎陳誠使西域。（明紀卷九成祖紀）

三，是年春，命太監侯顯復奉命賜西番尼八剌、地湧塔二國，尼八剌王沙的新葛遣使隨顯入朝，

表貢方物，詔封國王，賜誥印。（明史卷三百四侯顯傳）

四、四月，鄭和奉勅差往西域天方國，道出陝西，求所以通譯回語，可佐通信者，乃得西安羊市大清眞寺掌教哈三。（西安羊寺大清眞寺嘉慶二年重修清淨寺記）

五、是年鄭和等重修長樂南山三峯塔寺。（圖書集成職方典）

六、是年滿剌加、占城、爪哇西王入貢。琉球、中山入貢者四。琉球、山南入貢者再。（明史卷六成祖本紀）

永樂十二年甲午（西元一四一四年）四十四歲

一、鄭和等第四次出使西洋諸國。

二、二月庚戌，下詔親征衞喇特。三月庚寅，車駕發北京，皇太子孫從，學士胡廣、金幼孜、庶子楊榮等並扈行。八月辛丑朔，車駕至北京，御奉天殿受朝賀。（明通鑑卷十六）

三、是年滿剌加王子母幹撒于的兒沙來朝，告其父訃，卽命襲封賜金幣。（明史卷三百二十五滿剌加傳）

四、是年榜葛剌王遣使貢麒麟，禮部請上表賀，楊士奇作西夷貢麟早朝應制詩。（殊域周咨錄卷十一榜葛剌）

五、是年彭亨入貢，眞臘進金縷衣，琉球中山王貢馬。（明史卷七成祖本紀）

永樂十三年乙未（西元一四一五年）四十五歲

一、七月癸卯，鄭和等第四次奉使西洋等國還。九月壬寅，和獻所獲蘇門答剌賊首蘇幹剌於行在。（明成祖實錄）

二、七月，帝欲通榜葛剌諸國，復命侯顯率舟師以行，其王賽佛丁遣使貢麒麟及諸方物，帝大悅，錫予有差。（明史卷三百四侯顯傳）

三、十月吏部員外郎陳誠使西域還，歷哈密、土魯番、火州、哈烈、撒馬兒罕等凡十七國，各遣使隨誠等詣闕朝貢。誠備錄其所歷山川人物風俗之異，爲西域記上之，詔宣付史館。（明通鑑卷十六）

四、是年麻剌（即麻林）獻麒麟，儒臣金幼孜上瑞應贊。（殊域周咨錄卷九麻剌）

五、是年琉球、山南、山北、爪哇、西王占城、古里、柯枝、南浡利、甘巴里、滿剌加、忽魯謨斯、蘇門答剌入貢。琉球、中山入貢者再。（明史卷七成祖本紀）

永樂十四年丙申（西元一四一六年）四十六歲

一、四月初六日，御製弘仁普濟天妃宮碑，建於南京天妃宮內。（碑文另見）

二、同月，禮部郎中周訥上書言「今天下太平，四夷賓服，請封禪泰山，刻石紀功，垂之萬世」。尚書呂震謂宜如訥請。帝曰：「今天下雖無事，四方多水旱疾疫，安敢自謂太平？且六經無封禪之文，事不師古，甚無謂也。」時學士胡廣亦以爲不可，因上卻封禪頌，帝益親愛之。（明通鑑卷十六）

三、九月戊申，車駕發北京。十月丁丑車駕次鳳陽，祀皇陵。癸未，還自北京，謁孝陵。(同上)

四、十一月，帝自北京還，遷都意決，工部請擇日營建。帝曰：「此大事，須集廷臣議之。」壬寅，詔文武羣臣集議遷都之宜。乃上疏曰：「北京乃聖上龍興之地，北枕居庸，西峙太行，東連山海，南俯中原，沃壤千里，山川形勝，足以控四夷，制天下，誠帝王萬世之都也。宜敕所司營建。」從之(同上)

五、同月，會稽馬歡撰瀛涯勝覽成。略謂：「永樂十一年癸巳，太宗文皇帝勅正使太監鄭和統領寶船往西洋諸番國，開讀賞賜，余以通譯番書，亦被使末。隨其所至，鯨波浩渺，不知其幾千萬里。歷涉諸邦，其天時氣候，地理人物，目擊而身履之。然後知島夷誌所著者不誣，而帙有大可奇怪者焉。於是採摭各國人物之醜美，壤俗之異同，與夫土產之別，疆域之制，編次成尤，名曰瀛涯勝覽。俾屬目者一顧之頃，諸番事實，悉得其要，而尤見夫聖化所及，非前代之可比。」(瀛涯勝覽序)本書與費信之星槎勝覽，可謂鄭和出使時之二大記載。

六、是年暹羅王子三賴波羅摩剌劄的賴遣使告父喪，命中官郭文往祭，別遣官齎詔封其子爲王，賜以素錦素羅。(明史卷三百二十四暹羅傳)

七、是年占城、古里、爪哇、滿剌加、蘇門答剌、南巫里、浡泥、彭亨、錫蘭山、溜山、南浡利、阿丹、麻林、忽魯謨斯、柯枝入貢。琉球、中山入貢者再。(明史卷七成祖本紀)

永樂十五年丁酉(西元一四一七年)四十七歲

一、二月命泰寧侯陳珪仍督北京營繕事。珪以四年董建北京，經査有條理，甚見獎重。至是命鑄繕工印給珪，並設官屬兼掌行在後府。又命安遠侯柳升、成山侯王通副之。（明通鑑卷十六）

二、三月壬子，帝北巡發京師，命皇太子監國、以胡廣、楊榮、金幼孜扈從。五月丙戌，車駕至北京。（同上）

三、五月十六日，鄭和行香於泉州靈山，勒石記之。（碑文另見）

四、六月，中官張謙使西洋還，敗倭寇於金鄉衞，捕數十人，械至京師。（明通鑑卷十六）

五、是年鄭和等第五次奉使西洋諸國。（長樂天妃靈應碑記）

六、是年蘇祿國東王西王峒王並率其家屬頭目三百四十餘人浮海朝貢，禮之若滿剌加，並封爲國王。東王次德州，卒於會同館，謚曰恭定。（明史卷三百二十五蘇祿傳）

七、是年，西洋瑣里，蘇祿東西峒王來朝。琉球、中山、山南、眞臘、浡泥、占城、暹羅入貢。（明史卷七成祖本紀）

永樂十六年戊戌（西元一四一八年）四十八歲

一、鄭和等第五次出使西洋諸國。

二、二月，行在禮部試天下貢士。三月甲寅，賜李騏等進士及第出身有差（明通鑑卷十七）。案罪惟錄云「永樂十六年戊戌，始命翰林主考。二月，行在試貢士，得董璘等二百五十人，賜李騏劉江鄧眞等及第出身有差。騏初名馬，上手更之，與壬辰狀元馬鐸同母異父。丁酉解元也。」

（罪惟錄志十八科舉志）又云：「永樂壬辰狀元馬鐸，其母側室被妬，娠而歸李，生子名馬，不忘父也。戊戌廷試第一，上改名騏。」（罪惟錄志十八科舉盛事）又元明事類鈔引泳化編云：「李騏初名馬，廷對時，成祖閱卷，喜，擢居首，御筆改馬爲騏。傳臚三唱無應者，上曰：『卽李馬也』。騏乃受詔。」（元明事類鈔卷十二御筆改名）騏字彥良，長樂人，永樂戊戌第一人及第，授翰林修撰。（明詩紀事乙籤卷十一）

三、是年占城遣其孫舍那挫來朝，命中官林貴，行人倪俊送歸，有賜。（明史卷三百二十四占城傳）

四、是年占城國王遣使貢瑞象，翰林儒臣金幼孜作賦獻，以表聖應。（殊域周咨錄卷七占城）。

五、是年暹羅、占城、爪哇、蘇門答剌、滿剌加、南浡利入貢。琉球、中山入貢者再。（明史卷七成祖本紀）

永樂十七年己亥（西元一四一九年）四十九歲

一、七月庚申，鄭和等第五次奉使西洋諸國還。（明成祖實錄）

二、八月己卯，造寶船四十一艘。（同上）

三、是年命中官楊敏等護暹羅使臣歸國。（明史卷三百二十四暹羅傳）

四、是年忽魯謨斯酋長獻方物及駝鷄，儒臣金幼孜作賦獻上。（殊域周咨錄卷九忽魯謨斯）

五、是年眞臘、占城、阿魯、南浡利、蘇門答剌、滿剌加入貢。琉球，中山入貢者四。（明史卷

七成祖本紀）

永樂十八年庚子（西元一四二〇年）五十歲

一、五月，辛未。命行在兵部賞賜下西洋將士有差。（明成祖實錄卷二百二十五）。

二、九月己巳定都北京，欽天監奏明年正旦吉，宜御新殿，遂遣戶部尚書夏原吉齎敕召皇太子，尋敕太孫從行，期十二月終至京師。丁亥詔自明年正月改京師爲南京，北京爲京師。設六部，去行在之稱，並取南京各印信，給京師諸衙門。別鑄南京諸衙門印信，皆加南京二字。（明通鑑卷十七）

三、九月，遣太監侯顯使西域，往諭沼納樸兒罷兵（明史卷三百四侯顯傳）

四、十一月戊辰，以遷都北京詔天下。十二月己未，皇太子太孫至京師。癸亥，北京郊廟宮殿成，論營建功，進封薛祿陽武侯，擢工部郎中蔡信爲工部右侍郎。（明通鑑卷十七）

五、是年古麻剌朗王來朝。暹羅、占城、爪哇、滿剌加、蘇門答剌、蘇祿西王入貢。（明史卷七成祖本紀）

永樂十九年辛丑（西元一四二一年）五十一歲

一、正月甲子朔，帝詣太廟，奉安五廟神主，命皇太子詣郊壇奉安天地神主，皇太孫詣社稷壇奉安社稷神主，黔國公沐晟詣山川壇奉安山川諸神主。帝御奉天殿受朝賀，大宴羣臣。甲戌，大祀南郊。戊寅詔曰：「朕荷天地祖宗之佑，統馭萬方，祇勤撫綏，夙夜無間。乃者仿成周卜洛之規，建立兩都，爲永遠之業。爰自經營以來，賴天下臣民，殫心竭力，趨事赴工。今宮殿告成，祇祀天地社稷，眷懷黎庶，嘉與維新，宏敷寬恤之仁，用洽好生之德。其大赦天下」。（明通鑑卷十七）

二、正月癸巳，忽魯謨斯等十六國使臣還，命鄭和等第六次奉使西洋諸國。（明成祖實錄）

三、四月翰林院侍讀李時勉上書條時務十五事。時勉性剛鯁，慨然以天下爲己任，帝建都北京，方招徠遠人，而時勉極言營建之非，及遠國入貢人不宜使羣居輦下，忤上意。已覩其他說，多中時病，抵之地，復取視者再，然終以斥時政銜之。惟緝得無罪。居數月，進右庶子，仍兼侍講。（明通鑑卷十七）

四、是年忽魯謨斯、阿丹、祖法兒、剌撒、不剌哇、木骨都束、古里、柯枝、加異勒、錫蘭山、溜山、渤利、蘇門答剌、阿魯、滿剌加、甘巴里、蘇祿、榜葛剌、浡泥、古麻剌朗王入貢。暹羅入貢者再（明史卷七成祖本紀）

永樂二十年壬寅（西元一四二二年）五十二歲

一、三月丁丑，帝親征阿魯台告廟，命太子監國。戊寅，車駕發京師。八月，以班師詔天下。九月壬戌，車駕至京師。（明通鑑卷十七）

二、八月壬寅，鄭和等第六次奉使西洋諸國還。（明成祖實錄）

三、是年暹羅、蘇門答剌、阿丹等國道使隨貢方物。占城、琉球、中山、爪哇入貢。（明史卷七

成祖本紀）

永樂二十一年癸卯（西元一四二三年）五十三歲

一、七月戊戌，復親征阿魯台。辛丑，命皇太子監國。壬寅，車駕發京師。十一月甲申，至京師，陳鹵簿，帝乘御輦入，告祭天地宗廟社稷，御奉天門受朝賀。時諸番貢使咸集闕下，羣臣上表稱賀。（明通鑑卷十七）

二、初禮部左侍郎胡濙於永樂十七年復出巡江浙湖湘諸府，是年還朝，馳謁帝於宣府。帝已就寢，聞濙至，急起召入。濙悉以所聞對，漏下四鼓，乃出。先濙未至，傳言建文帝蹈海去，帝分遣內臣鄭和數輩浮海下西洋，至是疑始釋。（明史卷一百六十九胡濙傳）

三、九月，江陰等衞都指揮僉事周鼎等九百九十二人，奉使榜葛剌等國回，皇太子命禮部賞鈔有差。（明成祖實錄卷二百六十三）

四、是年錫蘭山王來朝，又遣使入貢。占城、古里、忽魯謨斯、阿丹　祖法兒、剌撒、不剌哇、木骨都束、柯枝、加異勒、溜山、南浡利、蘇門答剌、阿魯、滿剌加、榜葛剌、琉球、中山入貢。（明史卷七成祖本紀）

永樂二十二年甲辰（西元一四二四年）五十四歲

一、正月甲辰，命鄭和往舊港，封故宣慰使施進卿之子濟孫爲宣慰使。（明成祖實錄）（明通鑑永樂二十二年正月癸巳，復命鄭和使西洋。時舊港酋長請襲宣慰使職，上詔和齎敕印往賜之）

二、以親征阿魯台，四月己酉，車駕發京師。命皇太子監國，以大學士楊榮、金幼孜扈從，楊士奇留輔太子。七月庚辰，車駕次清水源，命學士楊榮、金幼孜刻石於崖上，以紀親征所過，使後世知之。戊子遣尚書呂震以旋師諭皇太子，詔告天下。己丑，車駕次蒼崖戍，帝不豫，下令將士嚴部伍，謹哨瞭。庚寅，次榆木川，帝大漸，召英國公張輔受遺命，傳位皇太子。辛卯，帝崩，年六十有五。八月甲辰，遺詔至京師，皇太子即日遣太孫迎喪於開平。（明通鑑卷十八）

三、八月丁己，皇太子即皇帝位，大赦天下，詔以明年爲洪熙元年，罷西洋寶船，迤西布馬，及雲南交阯採辦，從夏原吉之奏也。（同上）

四、九月戊子，始設南京守備，以襄城伯李隆爲之，兼領中軍都督府事，爲南畿要職。（同上）

五、是年琉球、占城、古麻剌朗、滿剌加、蘇祿入貢。（明史卷八仁宗本紀）

明仁宗洪熙元年乙巳（西元一四二五年）五十五歲

一、二月戊申，命鄭和領下番官軍，守備南京。於內則與內官王景弘，朱卜花、唐觀保、協同管事，遇外有事，同襄城伯李隆，駙馬都尉沐昕商議的當，然後施行。（明仁宗實錄）（明通鑑洪熙元年二月戊申，中官鄭和領下番官軍守備南京，和使舊港，以去年還，而成祖已晏駕，至是命之。）

二、三月戊戌，帝欲還都南京，詔北京諸司悉稱行在，復北京行部及行後軍都督府（明通鑑卷十八）

三、五月庚辰，帝不豫，召蹇義、楊士奇、黃淮、楊榮至思善門，命士奇書敕遣官海壽馳召皇太子於南京。辛己大漸，遺詔傳位皇太子。是日帝崩於欽安殿，年四十八。六月庚戌，皇太子即皇帝位，以明年爲宣德元年，大赦天下。(同上)

四、六月辛亥，敕邊將及南京等處嚴守備。(同上)

五、是年占城、琉球、中山、爪哇、浡泥入貢。(明史卷九宣宗本紀)

明宣宗宣德元年丙午(西元一四二六年)五十六歲

一、鄭和領下番官軍守備南京。

二、四年壬申，命司禮監移文諭太監鄭和，毋妄請賞賜。先是遣工部郎中馮春往南京修理宮殿，工匠各給賞賜。至是春還，奏南京國師等所造寺宇工匠，亦宜加賞。上諭司禮監曰：「佛寺僧所自造，何預朝廷事！春之奏，必和等所使，春不足責，其遣人諭和謹守禮法，毋窺伺朝廷。一切非禮之事，不可妄有陳請。」(明宣宗實錄卷十六)

三、四月，呂震卒，以胡濙爲行在禮部尙書。時京師仍稱行在也。震爲人佞諛傾險，然有精力，能彊記，才足以濟其爲人。嘗兼三部事，奏牘益多，皆自占奏，情狀委曲，背誦如流。故歷事三足，雖不見重，亦竟以功名終。(明通鑑卷十九)

四、是年遣行人黃原昌往占城頒正朔。(明史卷三百二十四占城傳)

五、是年爪哇、暹羅、琉球、蘇門答剌、滿剌加入貢。(明史卷九宣宗本紀)

宣德二年丁未（西元一四二七年）五十七歲

一、鄭和領下番官軍守備南京。

二、二月，命太監侯顯使烏斯藏諸國，及還，途遇寇劫，督將士力戰，多所斬獲。還朝錄功，陞賞者四百六十餘人。（明史卷三百四侯顯傳）

三、是年爪哇、占城、暹羅、琉球入貢。（明史卷九宣宗本紀）

宣德三年戊申（西元一四二八年）五十八歲

一、鄭和領下番官軍守備南京。

二、三月十一日敕鄭和等提督修築南京大報恩寺。大報恩寺在南京聚寶門外（今中華門），古大長千里也。向有阿育王塔，即以名寺。吳時寺塔並廢，晉太原中，（西元三七六年）掘得舍利，即其地建塔焉。南唐時復廢，宋祥符中（西元一〇〇八年），重建。天禧中（西元一〇一七年），改名天禧寺。明永樂間，成祖北遷，因欲報高皇后恩（或云爲生母磧妃），勅工部依六角式，造九級五色琉璃塔，高三十二丈九尺四寸九分，頂以黃金風磨銅鍍之。鐵索八條，垂鈴七十二個，上下八角，垂鈴八十個。每晚九層外面燃燈，計一百二十八盞，下八方殿內及塔心有琉璃燈十二盞，頂上天盤一個，重九百片，鐵鍋二口，重四千五百斤。寺周圍佔地九里十三步，名曰大報恩寺，額曰第一塔。於永樂十年（西元一四一二年）六月十五日起工，至宣德六年（西元一四三一年）八月初一日完竣，共十九年（吳祥翰金陵勝蹟志卷七）。大報恩寺起工之初，監工官內官監太監汪福，永康侯徐忠，工部侍郞張信，軍匠夫役十萬人，奉勅接月給糧賞。旋因久未竣工，敕鄭和等監督修建。宣德三年(西元一四二八年)三月十一日勅云：

勅太監鄭和等：南京大報恩寺自永樂十年十月十三日興工，至今十六年之上，尙未完備。蓋是那監工內外官員人等，將軍夫人匠，役使占用，虛費糧賞，以致遷延年久。今特勅爾等即將未完處用心提督，俱限今年八月以裏，都要完成。遲誤了事，那監工的都不饒。寺完之日，監工內官內使，止留李僧崇得在寺專管，然點長明塔燈，其餘都拘入內府該衙門辦事，故勅。欽此。

同日又勅云：

勅太監尙義、鄭和、王景弘、唐觀、羅智等：南京大報恩寺完成了，啓建告成大齋七晝夜，然點長明塔燈，特勅爾等提調修齋，合用物件，着內府該衙門該庫關支物件造辦。打發供應，物料及賞賜僧人，就於天財庫支鈔，着禮部等衙門買用。塔燈用香油，着供用庫按月送用，故勅。欽此。(金陵梵刹志)

全寺周圍九里十三步，東至俞通海公神道，南至大米行郭府園，西至來賓橋，北至大河下。地基悉用木炭作底，其法先插木樁，然後縱火焚燒，化爲燼炭，用重器壓之使實，俾地質不復遷變，方受重量建築。上舖硃砂，取其避濕殺蟲。今於是處鑿井濬河，往往發現木炭硃砂，即其遺物。全部建築，以四天王殿及大殿最極壯麗，下牆石墉欄楯，均用白石，雕鏤工緻。大殿即碩妃殿，非禮部祠祭，終年封閉。明初詔刻大藏，別置藏經殿，貯南藏經板全部，牒僧學僧，五百餘人，一百四十八房。僧咸擅一藝，每房輒有珍玩數事，十宗兼備，每宗設一講座，學僧得擇一宗，修督贍產田地萬畝，公費租額，詳訂禮部，爲南京三大寺之一。據王士性云：「大報恩寺塔以藏唐僧所剩舍利，神龍人獸，雕琢精工。世間無比。先是三寶太監鄭和西洋回，剩金錢百餘萬，乃勅侍郎黃立恭建之，琉璃九級，屋吻鴟尾，皆埏埴成，不施寸木，照耀雲日。內投篝燈百四十四，雨夜舍利光間出遶塔，人多見之。」（廣志繹卷二）張岱云：「塔上下金剛佛像千百億金身，一金身琉璃磚十數塊湊成之，其衣摺不爽分，其面目不爽毫，其鬚眉不爽忽，鬥筍合縫，信屬鬼工。聞燒成時，具三塔相，成其一，埋其二，編號識之。今塔上損磚一塊，以字號報工部，發一磚補之，如牛戍焉。夜必燈，歲費油若干斛，日高天霽，霏霏靄靄，搖搖曳曳，有光怪出其上，如香烟繚繞，半日方散。永樂時，海外蠻夷重譯至者，百有餘國，見報恩塔，必頂禮讚歎而去，謂四大部洲所無也。」（陶庵夢憶報恩塔）由此可知大報恩寺之建築，因爲鄭和等所經營，其一部分經費，亦出於下洋經費，故其規模壯麗，殊俗震驚。嘉靖四十五年（西元一五六六年），大殿燬。康熙三年（西元一六六四年），居士沈豹募建。咸豐六年（西元一八五六年），爲太平軍所焚燬，後雖重建，地僅方畝，存具名而已。

三、三月，帝召蹇義、夏原吉、楊士奇、楊榮等十有八人從游萬歲山，命乘馬登山周覽，賜登御舟，泛大液池。帝指御舟曰：「治天下猶此舟矣，利涉大川，卿等之力也。」遂賜宴於西苑。是時帝方勵精求治，諸大臣同心輔政，海內漸臻治平。帝乃仿古君臣豫遊事，每歲首許百官旬

休，選勝宴樂。上亦時游西苑，諸學士皆從，賦詩賡和，從容問民間疾苦，野朝傳爲盛事。（明通鑑卷二十）

四、罷北京行後軍都督府及行都。（同上）

五、是年占城、暹羅、爪哇、琉球、安南入貢。（明史卷九仁宗本紀）

宣德四年己酉（西元一四二九年）五十九歲

一、鄭和領下番官軍守備南京。

二、南京守備襄城伯李隆獻騶虞二，禮部請表賀。帝曰：「朕嗣位四年，民生未能得所，騶虞之祥，於德弗類」。不許。（明通鑑卷二十）

三、是年爪哇、占城、琉球、榜葛剌入貢。（明史卷九宣宗本紀）

宣德五年庚戌（西元一四三〇年）六十歲

一、正月，戶部尚書夏原吉卒，原吉歷事三朝，筦度支二十七年，善持大體。入參軍務，出扈征巡，諸所獻替，率有古大臣風烈。及卒，贈太師，賜謚忠靖，並敕戶部復其家世世無所與（明通鑑卷二十）。仁宗嘗因原吉之請，罷停下洋寶船，至是原吉卒，於是再詔下西洋云。

二、六月戊寅，下詔遣鄭和等第七次奉使西洋，齎詔往諭諸番國（明宣宗實錄）

三、是年占城、琉球、爪哇入貢。（明史卷九宣宗本紀）

宣德六年辛亥（西元一四三一年）六十一歲

一、正月，鄭和等刊勒通番事蹟碑於太倉劉家港天妃宮。（碑文另見）。
二、十一月，鄭和等刊立天妃之神靈應碑於長樂南山寺。（碑文另見）
三、十二月，大學士金幼孜卒，幼孜歷事三朝，眷遇雖隆，而自處益謙，簡易靜默，以功名終。贈少保，諡文靖。（明通鑑卷二十一）
四、是年占城，琉球，蘇門答剌入貢。（明史卷九宣宗本紀）。

宣德七年壬子（西元一四三二年）六十二歲

一、鄭和等第七次出使西洋諸國。
二、八月，改戶部尚書黃福為南京戶部尚書。時帝於宮中覽福奏漕事便宜疏，出以示大學士楊士奇曰：「福言智慮深遠，六卿中無倫比者。」對曰：「福受知太祖，正直明果，一志國家。永樂初建北京行部，綏輯凋瘵。及使交阯，總藩憲，具有成績。誠六卿所不及。」士奇又曰：「南京根本重地，先帝以儲宮監國，福老成忠直，緩急可倚。」帝曰：「然。」尋有是命。（明通鑑卷二十一）
三、是年占城、爪哇、琉球入貢。（明史卷九宣宗本紀）

宣德八年癸丑（西元一四三三年）六十三歲

一、正月己巳上元節，張燈西苑，帝奉皇太后往觀，皇后皇太子咸侍，稱觴上壽，並命文武諸臣及四夷朝貢之使，皆得往觀。大學士楊士奇撰聖德詩十章以獻，諸學士儒臣皆有奏御之作，賜文武羣臣遊於西苑。（明通鑑卷二十一）

二、閏八月戊午，有三星見西北方，天門青赤黃各一大如椀，明朗清潤，良久，聚半月形。大學士楊士奇奏：「稽之載籍，云四氣和為景星。又云天子至孝，任賢使能，法令清明，制作合天，四海歡悅，則景星見。又云德至于天，則景星見於天門。」於是禮官胡濙等請表賀，帝雖不許，然文臣自士奇以下皆獻頌。（明通鑑卷二十一）

三、是年鄭和等第七次奉使西洋諸國還。

四、是年暹羅、占城、琉球、安南、滿剌加、天方、蘇門答剌、古里、柯枝、阿丹、錫蘭山、佐法兒、甘巴里、加異勒，忽魯謨斯入貢。（明史卷九宣宗本紀）

宣德九年甲寅（西元一四三四年）六十四歲

一、鄭和領下番官軍守備南京。

二、鞏珍撰西洋番國志成。案錢曾讀書敏求記：「永樂初，敕遣中外重臣循西海諸國。宣宗嗣位，復命正使太監鄭和王景弘等往海外徧諭諸番。時金陵鞏珍從事總制之幕，往還三年，所至番邦二十餘處，在處詢訪，紀錄無遺。宣德九年，編次成集。予觀其序事詳核，行文贍雅，非若星槎勝覽等書之影略成編者。」（讀書敏求記西洋番國志條）其書凡一卷，除讀書敏求記，四庫全書總目著錄外，未見刊本。至其所經歷之二十國，一曰占城、二曰爪哇、三曰暹羅、四曰舊港、五曰啞嚕、六曰滿剌加、七曰蘇門答剌、八曰那姑兒、九曰黎代、十曰南浡里、十一曰溜山、十二曰榜葛剌、十三曰錫蘭山、十四曰小葛蘭、十五曰柯枝、十六曰古里、十七曰祖法兒、十八曰忽魯謨斯、十九曰阿丹、二十曰天方是也。

三、八月，衞喇特順寧王托懽攻殺阿魯台，來告捷，且請獻傳國璽。帝賜敕曰：「王能克復世仇，甚善，至玉璽傳世久近，殊不在此，王得之，王自用之可也。」仍賜紵絲五十表裏遣之。（明通鑑卷二十一）

四、是年暹羅，占城，琉球，蘇門答剌入貢。（明史卷九宣宗本紀）

宣德十年乙卯（西元一四三五年）六十五歲

一、正月癸酉朔，帝以疾不視朝，命羣臣朝皇太子於文華殿。甲戌，大漸，罷採買營造諸使。乙亥，帝崩於乾清宮，年三十有八。壬午，太子即皇帝位，大赦天下。詔以明年爲正統元年。（明通鑑卷二十一）

二、正月丁亥，吏部尚書蹇義卒，年七十三。義歷事五朝，質直寬和善處僚友間，未嘗一語傷物。仁宣之間，政在三陽，義雖掌銓衡，輒依違其間，無所匡拂，時亦以此少之。卒贈太師，謚忠定。（同上）

三、正月辛丑，晉戶部尚書黃福少保，參贊南京機務。留都文臣參機務自福始。（同上）

四、九月，以王振爲司禮監，自此招權納賂，諸大臣自楊士奇以下，皆依違莫能制。（同上）

五、是年琉球、中山、暹羅、占城、安南、滿剌加入貢。（明史卷十英宗前紀）

六、是年鄭和卒。按和之卒年，雖不見於史，然以情勢推之，當在是年。其故有二：（一）因和之卒，南京守備之人，以黃福參贊南京機務。(二)因和之卒，司禮監出缺以王振爲司禮監太監。

明英宗正統元年丙辰（西元一四二六年）卒後一歲

一、正月，太倉費信撰上星槎勝覽。略謂：「臣本吳東鄙儒，草茅下士，先臣戍太倉，未幾而蚤逝，於是臣繼戍役，至永樂宣德間，選隨中使至海外，經諸番國，前後數囘，二十餘年，歷覽風土人物之宜，采輯圖寫成帙，名曰星槎勝覽。不揣膚陋，輒敢自敍其首，一覽之餘，則中國之大，華夷之辨，山川之險夷，物產之珍奇，殊方末俗之卑陋，可以不勞遠涉而盡在目中矣。（四卷本星槎勝覽序）

二、閏六月，遣古里、蘇門答剌、錫蘭山、柯枝、天方、加異勒、阿丹、忽魯謨斯、祖法兒、甘巴里、眞臘，使臣偕爪哇使臣郭信等同往。賜爪哇敕曰：「王自我先朝修職勿怠，朕今嗣服，復遣使來朝，意誠具悉。宣德時有古里等十一國來朝，今因王使者歸，令諸使同往，王其加意撫卹，分遣還國，副朕懷遠之忱。」五年，使臣囘，遭風溺死五十六人，存者八十三人。仍返廣東，命所司廩給，俟便舟附歸（明史卷三百二十四爪哇傳）。蓋是時鄭和已卒，不復下洋，將各國貢使，托爪哇使船送之囘國，幷責遣各使還國之任，實爲明廷結束出使西洋之尾聲。不幸同舟一百三十九人，遭風溺死者，幾達三分之一，亦可慇矣。

第四章　鄭和經歷之地方與港口

第一節　經歷之地方

明史鄭和傳稱和先後七奉使，所歷占城、爪哇、眞臘、舊港、暹羅、古里、滿剌加、浡泥、蘇門答剌、阿魯、柯枝、大葛蘭、小葛蘭、西洋瑣里、瑣里、加異勒、阿撥把丹、南巫里、甘把里、錫蘭山、喃勃里、彭亨、急蘭丹、忽魯謨斯、比剌、溜山、孫剌、木骨都束、麻林、剌撒、祖法兒、沙里灣泥、竹步、榜葛剌、天方、黎代、那孤兒等三十七國。然據馬歡瀛涯勝覽所載，凡十九國，費信星槎勝覽所載，凡四十國，其他諸書所載，亦各有詳略。梁啓超氏嘗就馬費兩書，參互攷釋；分爲六部：凡在馬來半島以東者十五國，在滿剌加者四國，在蘇門答剌者七國，在印度者六國，在阿剌伯半島者五國，在阿非利加沿岸者三國，共四十國。茲就梁氏所攷釋者，分列如次：

（一）馬來半島以東諸國　凡十五國如左：

（1）占城（Chamfo or Champo）漢林邑地，唐時或稱占不勞，改稱占婆，今越南下交趾部西貢市所在之地。其時爲一獨立國，不屬交趾。

（2）靈山　星槎所記云與占城山連接，其地今難確指。西人腓立氏謂今之伽南港（Can-nauh），格蘭尼威氏謂爲今之那的里加山（Nuitrocan），未知孰是？要之在下交趾也。

(3)眞臘 (Camboja) 今之柬埔寨，爲法蘭西保護國者也。當時其國領有暹羅之一部分，西與我雲南接壤。

(4)崑崙 (Pulo Candore) 下交趾極南之一島，如我國之有瓊州島。然至今越南人呼爲崑崙山，西人則稱蒲盧康得羅，蓋馬哥孛羅紀行之舊名云。馬來語之蒲盧，卽 (Island) (島) 之義也。今法人往往竄越國事犯於此。

(5)賓童龍國 (Cope padaron) 今柬埔寨海岸之一岬角也。

(6)暹羅國 (Siam) 自明。

(7)彭坑 (pannang) 星槎云在暹羅之西，卽今馬來半島之南端。瀕東海岸與新加坡接壤者也。

(8)東西竺 (Singapore) 明史外國傳柔佛條下云：「柔佛近彭亨，永樂中，鄭和遍歷西洋，無柔佛名。或言和曾經東西竺山，今此山正在其地，疑卽東西竺」。今案柔佛卽今之新加坡，馬來半島之極南端。當時名以東西竺者，殆猶哥倫布命北美新地爲西印度羣島歟？

(9)龍牙門 (Strait of Lingga) 馬來半島與蘇門答臘島中間之一小島。在海峽間，今大學審定地圖所稱龍加島者是也。

(10)交爛山 (Billiton Island) 大學地圖所稱比利敦島者也，在爪哇海中，位蘇門答臘島與婆羅洲之交。元時史弼征爪哇，曾駐兵焉。

(11)假馬里丁 (Carimata Island) 大學堂地圖所稱卡里馬塔羣島是也。在婆羅洲之西南，與蘇門答臘相對。（元史史弼傳有假里馬答，其位置正如星槎所記，星槎之馬里，可決爲里馬之譌。）

（12）麻逸凍（Pulo Bintang）星槎記在交爛山之西南洋海中，其地今難確指。格蘭尼威氏以巽他羣島中之邊丹當之，今從焉。

（13）爪哇（Java）自明。

（14）重迦羅（Madura）大學堂地圖所稱馬都拉島是也。在爪哇海中，與蘇拉巴雅港相對。

（15）吉里地悶　其地今難確指，星槎云在重迦羅之東，產檀香。按佛里嶼一名檀香嶼（Sandslwood）或當屬此地，其地在爪哇海與班達海之間也。

（二）滿剌加諸國　凡四國如左：

（1）滿剌加國（Malacca）今官書或稱麻剌甲，爲英屬地，在馬來半島南端西岸。

（2）亞魯（Aru Islands）大學堂地圖譯爲亞羅，在蘇門答臘島北岸，臨滿剌加海峽。

（3）九洲山（Pulo Sambihon）滿剌加海峽中九島嶼，九洲之名，乃譯義而非譯音。馬來語之（Pulo），此云島也，其（Sambihon），此云九也。

（三）蘇門答臘諸國　凡七國如左：

（1）舊港亦名浡淋邦（Paleambang）明史稱三佛齊，六朝時稱干陀利，今荷屬蘇門答臘島之東北部一大都會。大學堂地圖所譯爲巴鄰旁者是也。

（2）蘇門答臘國（Sumatra）今以爲全島總名。但據瀛涯星槎所記，則僅爲其島西部之專名，即今之亞珍（Achin）一隅之地也。

（3）南浡里（Lambri）其地今難確指。馬哥孛羅紀行有廉浡里國者，當卽其地。蓋蘇門答臘島之西北部，亞珍之西鄰也。（Lam）譯南，蓋廈門音。

（4）那孤兒一名花面王國　其地今難確指，殆亞珍之一部。

（5）黎代　其地今難確指，殆亞珍之一部。

（6）龍涎嶼（Pulo way）距亞珍東北十三里一小島也。

（7）翠藍嶼（Ardaman Island）大學堂地圖所稱安達曼羣島是也。由馬來半島航印度，此其中站，今爲印度屬地隸英版圖。瀛涯記其地在大海中，山有三四。星槎記在龍嶼西北五晝夜程，其必為安達曼無疑。翠藍者，狀風景以命名，非譯音也。

（四）印度諸國　凡六國如左：

（1）榜葛剌（Bengal）卽通行官書所譯之孟加拉，今印度首府加拉吉大所在地也。

（2）柯枝（Coohin）大學堂地圖作可陳，此譯柯者，廈門音也。其地在印度半島之西南端，臨阿拉伯海。

（3）大小葛蘭（Quilon）大學堂地圖作固蘭，星槎記其地與都樵欄相近，都樵欄卽 Tortivanderum 亦印度第二等大都會也。

（4）古里國（Calicut）瀛涯記其位置云西瀕海，南距柯枝國，北距狠奴兒國，遠東七百里許距坎巴夷。案柯枝卽可陳，坎巴夷卽 Cambay （大學堂地圖譯康水秤）。然則其地必係哥里卡德，孟買省瀕海一小都會也。

(5)錫蘭 (Ceylon) 印度南端之大島，古稱獅子國，今西航必經之地。

(6)溜山洋國 (Ma dive Island) 大學堂地圖譯爲麻代父羣島。錫蘭島西偏南之多數珊瑚島也。瀛涯言有八大溜，星槎言有三萬八千小溜，其爲無數小嶼甚明。與馬哥孛羅紀行麻代父條下記事正同。

(五)阿剌伯半島諸國　凡五國如左：

(1)佐香兒（星槎）祖法兒（Djeffer 瀛涯）阿剌伯海南岸一市。

(2)阿丹國 (Aden) 舊譯雅典，亦譯亞丁，阿剌伯最南端一半島，西航必經之要津也。今爲英屬地，屬印度孟買省行政區域。

(3)忽魯謨斯 (Hormuz or Orimuz) 波斯灣內三大島之一，今爲波斯領土。

(4)天方 (Arabia or Mecca) 卽阿剌伯，亦名麥加。

(5)剌撒　其地今難確指，蓋在米梭必達米亞附近。

(六)阿非利加沿岸諸國　凡三國如左：

(1)木骨都束 (Magedexa or Magadoxo) 大學堂地圖所譯馬加多朔者是也。在阿非利加東海岸，臨印度洋。

（2）卜剌哇（Prawa）大學堂地圖譯巴拉瓦在木骨都束迤南。
（3）竹步（Juba）大學堂地圖譯周巴，在卜剌哇迤南。（飲冰室合集祖國航海大家鄭和傳）

第二節　經歷之港口

鄭和經歷之航線，據梁氏推測，有下列十二線：其一，航中國南海，至印度支那半島之南端（西貢）。其二，航暹羅灣（即曼谷灣）之東岸，至曼谷。（今暹京）其三，航暹羅灣西岸，循馬來半島，南下至新加坡。其四，繞航蘇門答臘島一周。其五，繞航爪哇島一周。其六，航孟加拉灣，經安達曼羣島，至東印度（加拉吉大）。其七，循孟加拉灣東岸，南航至錫蘭，繞錫蘭島一周。其八，循阿剌伯海東岸，北航至西印度（孟買）。其九，由孟買循波斯灣東岸，北航至泰格里士河河口。（今土屬小亞細亞）其十，循波斯灣西岸南航，復沿阿剌伯海西岸一周，至亞丁。其十一，越亞丁灣，循紅海東岸，北航至麥加。其十二，循紅海西岸，南航出亞丁灣，復循阿非利加東部海岸，南航經摩森比克海峽（亦作莫三鼻給海峽），掠馬達加斯加島之南端迴航（祖國航海大家鄭和傳）。此種粗略之推測，雖不甚可據，然亦足以使初學者有一簡單之印像。至於寶船停泊之港口，其最著者，則有占城之新州港，爪哇之杜板、新村、蘇魯馬益、章姑、舊港之淡港、暹羅之新門臺、蘇門答剌之答魯蠻、錫蘭之別羅里、柯枝之港口、榜葛剌之浙地港、鎖納兒港、天方之秩達等處。其在海口者，則大鯮（Jonpue）寶船可以直達，其溯河而上者，則須分艦以轉達之。而蘇門答剌之答魯蠻，錫蘭之別羅里，尤爲南洋及印度洋中之巨港。茲分述如次：

（一）占城之新州港　新州一作新洲，所謂新州，係對舊州而言，不應作洲。舊州殆指占城古都。新州則爲今安南之歸仁。鄭和出使占城，停泊於此。瀛涯勝覽占城條云：「國之東北百里，有一海口，名曰新州港。岸有一石塔爲記，諸處船隻到此，艤泊登岸。岸有一寨，番名設比奈（Sri Vinaya?），以二頭目爲主，番人五六十家，居內以守港口。」（瀛涯勝覽校注占城國）其地爲出入占城國都必經之途，大䑸寶船，可以直達。

（二）爪哇之杜板　杜板或作杜坂，爲爪哇第一海馬頭。鄭和等使爪哇，停泊於此。瀛涯覽爪哇條云：「杜板番名賭班（Tuban），地名也。此處約千餘家，以二頭目爲主。其間多有中國人，廣東及漳州（一作汀漳一作漳泉）人流居此地，雞羊魚菜甚賤。海灘有一小池，甘淡可飲，曰是聖水。傳言大元時，命將史弼高興征伐闍婆，經月不得登岸，船中之水已盡，軍士失措，其二將拜天祝曰：『奉命伐蠻，天若與之，則泉生；不與則泉無』。禱畢，奮力插鎗海灘，泉水隨鎗插處湧出。水味甘淡，衆飲之而得全生，此天賜之助也，至今存焉。」（瀛涯勝覽校注爪哇國）其地爲我國閩廣人士僑居之港口，有淡水可供航行飲料之用。大䑸寶船，可以直達。

（三）爪哇之新村　新村或誤作斷材，在杜板之東，爲爪哇第二海馬頭。鄭和等使爪哇，停泊于此。瀛涯勝覽爪哇條云：「於杜板投東行半日許，至新村，番名革兒昔（Geresik, Grisse）。原係沙灘之地，蓋因中國之人來此剏居，遂名新村。至今村主廣東人也。約有千餘家。各處番人，多到此處買賣，其金子諸般寶石，一應番貨，多有賣者。民甚殷富。」（瀛涯勝覽校注爪哇國）其地純爲我國閩廣人士創造之都市，大䑸寶船，可以直達。

（四）爪哇之蘇魯馬益　蘇魯馬益或作蘇盧馬益，在新村之南，爲爪哇第三海馬頭。鄭和等使爪哇，停泊于此。瀛涯勝覽爪哇條云：「自新村投南船行二十餘里，到蘇魯馬益，番名蘇兒把牙(Surabaya)。其港口流出淡水。自此大船難進，用小船行二十餘里，始至其地。亦有村主，掌管番人千餘家，其間亦有中國人。」（瀛涯勝覽校注爪哇國）其地大䑸寶船，不能直達，必換以分䑸寶船也。有淡水可供航行飲料之用。

（五）爪哇之章姑　章姑(Changkir)　一作漳沽，爲爪哇之陸馬頭。鄭和等始爪哇，停泊於此。瀛涯勝覽爪哇條云：「自蘇兒把牙小船行七八十里到埠頭，名章姑。登岸投西南行，一日半到滿者伯夷，maiauahit，卽王者之居處也。」（瀛涯勝覽校注爪哇國）其地爲出入爪哇國都必經之途，須用分䑸寶船，方可達到。

（六）舊港之淡港　淡港(Tamiang)爲舊港之陸馬頭，鄭和等使舊港，停泊于此。瀛涯勝覽舊港條云：「諸處船來，先至淡港（指浡淋邦河），入彭加(Eanka)門裏，繫船於岸。岸上多磚塔，用小船入港內，則至其國。國人多是廣東漳泉州人逃居此地，人甚富饒。」（瀛涯勝覽校注舊港國）據馮承鈞云：「自爪哇赴浮淋邦（卽舊港）者，應先入彭家門，後至浡淋邦河。此乃倒言，殆逕引島夷志略「自淡港入彭家門之文，未變其義耳。」（同上）其言是也。其地爲出入舊港國都必經之途，須用分䑸寶船，方可到達。有淡水可供航行飲料之用。

（七）暹羅之新門臺　新門臺一作新門屋，爲暹羅之海馬頭。鄭和等使暹羅，停泊于此。瀛涯勝覽校注暹羅條云：「自占城向西南船行七晝夜，順風至新門臺海口入港，總至其國。」（瀛涯勝覽校注暹羅國）其地爲暹羅國都必經之途，大䑸寶船，可以直達。

（八）蘇門答剌之答魯蠻　答魯蠻爲蘇門答剌之海馬頭。鄭和等使蘇門答剌，停泊于此。瀛涯勝覽蘇門答剌條云：「其處乃西洋之總路，寶船自滿剌加國向西南，好風五晝夜，先到濱海一村，名答魯蠻，繫船。往東南十餘里，可到。其國無城郭，有一大溪，皆淡水，流出於海，一日二次潮水漲落。其海口浪大，船隻常有沉沒。」（瀛涯勝覽校注蘇門答剌國）其地因潮水漲落，海浪甚大爲一險要之區。大䑸寶船，可以直達。爲南洋一巨港。有淡水可供航行飲料之用。

（九）錫蘭之別羅里　別羅里爲錫蘭之海馬頭。世人對於此地之考訂，現有二說：一說以爲是距迓里 Galle 十三哩之 Belligamme，一說以爲在高郎步（或作高郎阜）Colombo 或其附近。（鄭和使錫蘭，停泊於此）。瀛涯勝覽錫蘭條云：「過翠藍山，投西，船行七日，見鶯歌嘴山。再三兩日，到佛堂山，總到錫蘭國馬頭名別羅里。自此泊船，登岸陸行。」（瀛涯勝覽校注錫蘭國）其地海水深廣，大䑸寶船可以直達，爲印度洋惟一巨港。

（十）柯枝之港口　柯枝停泊港，無專名可攷。瀛涯勝覽柯枝條云：「自小葛蘭國開船，沿山投西北，好風行一晝夜，到其國港口泊船。」（瀛涯勝覽校注柯枝國）地處海濱，大䑸寶船可以直達。

(十一)榜葛剌之浙地港鎖納兒港　浙地港爲榜葛剌之海馬頭，瑣納兒港則其陸馬頭也。鄭和等使榜葛剌國，停泊於此。瀛涯勝覽榜葛剌條云：「自蘇門答剌國開船，取帽山幷翠藍島，投西北上好風行二十日，先到浙地港(Ch tt-agong)泊船，用小船入港，五百餘里，到地名瑣納兒港 Sonargaon 登岸，向西行三十五站到其國。」(瀛涯勝覽校注榜葛剌國)前者大寶䑸船可以直達，後則者須另換分䑸寶船。爲出入榜葛剌國都必經之途。

(十二)天方之秩達　秩達 Fadda 一作秩達，或作秩渣，與阿剌伯語 Jidda 對音未合，爲天方之海馬頭。鄭和等使天方國，停泊於此。瀛涯勝覽天方條云：「自古里國開船，投西南申位，船行三箇月，方到本國馬頭，番名秩達。有大頭目主守。自秩達往西行一日，到王居之城。」(瀛涯勝覽校注天方國)其地大䑸寶船，可以直達，爲阿剌伯半島上之一大港。

第五章　鄭和出使之年歲與大事

第一節　鄭和出使之年歲

據明史鄭和傳稱和等於永樂宣德年間通使西洋，由蘇州劉家河泛海至福建，復自福建五虎門揚帆，首達占城，次徧歷諸番國。自永樂三年初次航海，迄宣德八年末次回國，二十餘年之間，前後七奉使，三擒叛王，史書所載，咸無異辭。至其每次出使之年歲，則各書所稱，互有不同。茲據明實錄及明史本紀與鄭和碑記所載，參互錄之如次：

(一)明實錄及明史本紀所載出使之年歲　據明實錄及明史本紀所載七次奉使年歲如左：

1. 永樂三年(西元一四〇五年)夏六月己卯(六月十五日)，中官鄭和帥舟師使西洋諸國；五年(西元一四〇七年)九月壬子(九月初二日)，鄭和還。(明史成祖本紀)

2. 永樂六年(西元一四〇八年)九月癸酉(九月二十八日)，鄭和復使西洋；九年(西元一四一一年)夏六月乙巳(六月十六日)。鄭和還自西洋。(明成祖實錄)

3. 永樂十年(西元一四一二年)十一月丙申(十一月十五日)，鄭和復使西洋，十三年(西元一四一五年)七月癸卯(七月初八日)，鄭和還。(明成祖實錄)

4. 永樂十四年(西元一四一六年)十二月丁卯(十二月初十日)，鄭和復使西洋；十七年(西元一

四一九年）秋七月庚申（七月十七日），鄭和還。（明史成祖本紀）

5.永樂十九年（西元一四二一年）春正月癸巳（正月三十日），鄭和復使西洋；二十年（西一四二二年）八月，壬寅（八月十八日），鄭和還。（明史成祖本紀）

6.永樂二十二年（西元一四二四年）正月癸巳（正月十一日），鄭和復使西洋；八月丁巳，仁宗即皇帝位，罷西洋寶船，迤西市馬，及雲南交阯採辦。（明史成祖本紀）

7.宣德五年（西元一四三〇年）六月戊寅，（六月初九日）遣太監鄭和往諭諸番國（明宣宗實錄）

以上所述，爲鄭和傳中所稱先後七奉使之年月，但其中永樂二十二年之役，爲封舊港酋長施濟孫襲宣慰使之事，係臨時派委任務簡單，未經領兵前去，且未越舊港一步，故未經列入出使西洋之範圍（伯希和鄭和下西洋攷作爲第六次旅行非是）。是則鄭和出使，只有六次。然鄭和傳中所稱先後七奉使之語，必有所本，試觀宣德六年婁東劉家港石刻通番事蹟碑，及長樂南山寺天妃靈應碑內所記出使年歲，即可明白。

（二）鄭和碑記所載出使之年歲　據天妃靈應碑所記七次奉使年歲（劉家港通番事蹟碑同）如左：

1.永樂三年（西元一四〇五年）統領舟師至古里等國。時海寇陳祖義聚衆三佛齊國，刦掠番商，亦來犯我舟師。即有神兵陰助，一鼓而殄滅之。至五年回。

2.永樂五年（西元一四〇七年）統領舟師往爪哇、古里、柯枝、暹羅等國，國王各以珍寶珍禽異獸貢獻。至七年回還。

3.永樂七年(西元一四〇九年)統領舟師往前各國，道經錫蘭山國，其王亞烈苦奈兒負固不恭，謀害舟師。賴神靈顯應知覺，遂生擒其王。至九年歸獻，尋蒙恩宥，俾歸本國。

4.永樂十一年，(西元一四一三年)統領舟師往忽魯謨斯等國，其蘇門答剌國有偽王蘇幹剌，寇侵本國，其王宰奴里阿比丁遣使赴闕陳訴，就率官兵勦捕。賴神默助，生擒偽王。至十三年迴獻。是年滿剌加國王親率妻子朝貢。

5.永樂十五年，(西元一四一七年)統領舟師往西域，其忽魯謨斯國進獅子、金錢豹、大西馬，阿丹國進麒麟，番名祖剌法，幷長角馬哈獸，木骨都束國進花福祿，幷獅子，卜剌哇國進千里駱駝幷駝鷄，爪哇、古里國進縻黑羔獸。若乃藏山隱海之靈物，沉沙棲陸之偉寶，莫不爭先呈獻。或遣王男，或遣王叔王弟，齎捧金葉表文朝貢。

6.永樂十九年，(西元一四二一年)統領舟師遣忽魯謨斯等國使臣久侍京師者，悉還本國。其各國王益修職貢，視前有加。

7.宣德六年，(西元一四三一年)仍統舟師往諸番國，開讀賞賜，駐泊茲港，(長樂太平港)等候朔風開洋。(長樂南山寺天妃之神靈應碑)。

據碑記所述，鄭和出使西洋，其永樂二十二年(西元一四二四年)對賜舊港酋長施濟孫一事，未經列入，可見永樂二十二年之出使，爲鄭和個人之單獨行動，不在七次奉使之列。

(三)鄭和出使之年歲表　依碑記及其他典籍所記，茲列鄭和出使年歲如下表：

次數	西元	出國時期	回京時期	備考
第一次	一四〇五年至一四〇七年	永樂三年六月十五日奉命出使其年冬出海	永樂五年九月初二日回京復命	奉命與出海日期不同因須候北風開帆
第二次	一四〇七年至一四〇九年	永樂五年九月後奉命出使其年冬末或次年春初出海	永樂七年夏季回京復命	本年二月鄭和尚在錫蘭
第三次	一四〇九年至一四一一年	永樂七年秋奉命出使其年十二月出海（星槎勝覽）	永樂九年六月十六日回京復命	
第四次	一四一二年至一四一五年	永樂十年十一月十五日奉命出使約十一年冬出海	永樂十三年七月初八日回京復命	十一年四月因奉敕書往西域天方國道出陝西求通譯人才
第五次	一四一六年至一四一九年	永樂十四年十二月初十日奉命出使約十五年冬季出海	永樂十七年七月十七日回京復命（陳鶴明紀）	十五年五月十六日因往西洋忽謨謨斯等國至泉州行香
第六次	一四二一年至一四二二年	永樂十九年正月三十日奉命出使約二月杪出海	永樂二十年八月十八日	
第七次	一四三〇年至一四三三年	宣德五年六月初九日奉命出使六年十二月初九日出海（前聞記）	宣德八年七月初六日回京復命（前聞記）	
舊港之役	一四二四年	永樂二十二年正月十一日奉命出使	永樂二十二年七月後	永樂二十二年七月辛卯（十八日）成祖崩

據上表觀之，鄭和自永樂三年六月十五日第一次奉命出使西洋諸國，至宣德八年七月初六日第七次出使回京復命，（西元一四〇五至一四三三年）中經二十有八載，約當鄭和三十五歲至六十三歲時也，一生精力，盡於此矣。

第二節　第一次出使之大事

第一次出使時間，爲永樂三年六月至永樂五年九月，與王景弘偕行。據明史鄭和傳云：「永樂三年六月，命和及其儕王景弘等通使西洋，將士卒二萬七千八百餘人，多齎金幣，造大舶，修四十四丈，廣十八丈者六十二，自蘇州劉家河泛海，至福建，復自福建五虎門揚帆，首達占城，以次徧歷諸番國。宣天子詔，因給賜其君長，不服，則以武慴之。五年九月，和等還，諸國使者隨和朝見。和獻所俘舊港酋長，帝大悅，爵賞有差。」（明史卷三百四宦者傳）明成祖實錄云：「永樂三年六月己卯，遣中官鄭和等齎勅往諭西洋諸國，幷賜諸王金織文綺綵絹各有差。五年九月壬子，太監鄭和使西洋諸國還，械至海賊陳祖義等。」（明成祖實錄）在此時期中，除例行封賞外，值得記載之大事，有下列各端：

（一）古里國王之勅封　茅瑞徵皇明象胥錄古里條云：「永樂三年，其酋沙米的遣使朝貢，勅封爲古里國王，給印誥。」（皇明象胥錄卷五古里）查繼佐罪惟錄古俚條云：「永樂元年，國王馬那必加刺滿遣使朝貢。三年，王沙米的復貢，予勅封古里國王。」（罪惟錄傳三十六古俚國）古里爲西洋大國，故首加敕封，以示其餘。何喬遠曰：「鄭和下番，自古里始，西洋諸番之會也。」（玉亭記三）此之謂也。

(二)古里碑庭之勒建　瀛涯勝覽古里條云：「永樂五年，朝廷命正使太監鄭和等齎詔勅賜其國王誥命銀印，給賜陞賞各頭目品及冠帶，統領大䑸寶船，到彼起建碑庭，立石云：

其國（校注：上二字從吳本補）去中國十萬餘里，民物咸若（校注：上二字從吳本補），熙皞同風（校注：上四字原作熙皞大同風俗，語不可改從吳本删），刻石於茲，永示（校注：示原樂從西洋記改）萬世。（瀛涯勝覽校注古里國）

罪惟錄古俚條云：永樂五年，遣太監鄭和賜王誥幣銀印，立石其國。題云：

去中國十萬餘里，民物熙皞，大同風俗，刻石於茲，永樂萬世。（罪惟錄傳三十六古俚國）

西洋朝貢典錄古里條云：永樂三年，鄭和統大䑸寶船齎詔敕封爲古里王，及頒詔命銀印，陞賞頭品級冠帶，建亭刻石。其略曰：

爾王去中國十萬餘里，民物咸若，皞熙同風，刻石於茲，永垂萬世。（西洋朝貢典錄卷下古里國）

羅懋登西洋通俗演義古俚王賓服元帥一回，亦載其事。略稱：元帥（指鄭和）受了番王（指古里國王）禮物，吩咐軍政司安排筵宴，大宴番王，盡歡而別。番王道：『故老相傳，小國去中國十萬餘里，何幸得接二位元帥（指鄭和王景弘）台光，今日之別，足稱消魂。』元帥道：『不覺去中國十萬餘里之外。』王爺（指王景弘）道：『十萬里之外，不可不勒碑紀程。』老爺（指鄭和）道：『王先生言之有理。』卽時吩咐左右蓋造一所碑亭，豎立一道石碣，不日報完。左右請來字，老爺道：『請王爺見敎罷。』王爺道：『還是老公公。』老爺道：『還是王老先生罷。』王爺導筆書之，說道：「此去中國十萬餘程，民物咸若，熙皥同情，永示萬世，地平天成。」左右領去，刻成碑銘。番王道：『此以存甘棠之故事。』元帥道：『有中國總有夷狄，中國居內以制外，夷狄居外以事內，汝等享地平天成之福，不可忘我中國。』國王感戴，揮淚而別（西洋通俗演義第六十一回）。此種碑銘，雖爲紀念行程而作，然可見中國聲敎之遠，對於國威之宣揚，極有關係，可與竇憲燕然山銘，相爲比美。

（三）舊港西長陳祖義等之擒斬、費信星槎勝覽云：「永樂三年，我朝太宗文皇帝命正使太監鄭和等統領舟師，往諸番國，海寇陳祖義等聚衆三佛齊國，抄掠番商，亦來犯我舟師，被我正使深機密謀，若張網獲獸而殄滅之。生擒厥魁，獻俘闕下。由是海內振肅。」（星槎勝覽校注前集舊港）。馬歡瀛涯勝覽云：「昔洪武年間，廣東人陳祖義等全家逃於此處，充爲頭目，甚是豪橫，凡有經過客人船隻，輒便劫奪財物。至永樂五年朝廷差太監鄭和等統領西洋大䑸寶船到此處。有施進卿者，亦廣東人也，來報陳祖義兇橫等情，被太監鄭和生擒陳祖義等，回朝伏誅。」（瀛涯勝覽校注舊港國）。明史鄭和傳云：「永樂五年九月，和等還，諸國使者隨和朝見。和獻所俘舊港西長，帝大悅，爵賞有差。舊港者，故三佛齊國也。其酋陳祖義剽掠商旅，和使招諭，祖義詐降而潛謀邀劫，和大敗其衆，禽祖義獻俘，戮於都市。」（明史卷三百四）明成祖實錄云：「永樂五年九月壬子，太監鄭和使西洋諸國還，械至海賊陳祖義等。初和至舊港遇祖義等，遣人招諭之。祖義等詐降，而潛謀要劫官軍，和等覺之，整兵隄備。祖義率衆來刼，和率兵與戰，祖義等戰大敗之，殺賊黨五千餘人，燒賊船十艘，獲其七艘，及僞銅印二顆，生擒祖義等三人，既至京師，命悉斬之。己卯，賞賜西洋官軍舊港禽賊有功者，指揮鈔一百錠，綵幣四表裏。千戶鈔八十錠，綵幣三表裏。百戶所鎮撫鈔，六十錠，綵幣二表裏。醫士番大長鈔五十錠，綵幣一表裏。校尉鈔五十錠，綿布三匹。旗軍通事軍伴以下鈔布有差（明成祖實錄卷七十一）。此次戰役，生擒敵軍首長三人，殺傷士卒五千餘人，其規模之弘壯，可以想見。此二萬七千八百餘人之遠征軍，甫經下番，即遭此大戰，卒能獲勝。海道既清，遠近威服，其關係亦云大矣。

（四）舊港宣慰使司之設立　瀛涯勝覽云：「有施進卿者，亦廣東人也，來報陳祖義兇橫等情，被太監鄭和生擒陳祖義等回朝伏誅。就賜施進卿冠帶，歸舊港爲大頭目，以主其地。」（瀛涯勝覽校注舊港國）明成祖實錄云：「永樂五年九月戊午，舊港頭目施進卿遣婿丘彥誠朝貢，設舊港宣慰使司，命進卿爲宣慰使，賜印誥冠帶文綺紗羅。」（明成祖實錄卷七十一）罪惟錄三佛齊條云：「三佛齊永樂中爲爪哇所兼併，國廢，更置小酋市易，曰舊港。有南海人梁道明者，棄鄉里往居之，閩廣之從爲商者數千，推道明爲酋長，而施進卿副之。三年，指揮孫鉉使諸番，以道明聞，上招歸厚賜之，而進卿獨爲制。廣東人陳祖義者，故有罪，亡入其國，久之亦得衆，與進卿爭長。上使中官鄭和下番，進卿以告，上使招之，祖義詐降，而潛謀邀劫。和勒兵與戰，殺其黨五千餘人，俘祖義京師伏法。進卿遣其婿彥誠貢謝，詔設舊港宣慰使司，命進卿塡之。」（罪惟錄卷三十六三佛齊國）案明制設土官宣慰使司，以治理邊徼之少數民族。置宣慰使一人（從三品），同知一人（正四品），副使一人（從四品），僉事一人（正五品），經歷司經歷一人（從七品），都事一人（正八品）（明史卷　十六職官志五宣慰司）。舊港宣慰使司，爲我國在海外設立官署之始，彌可紀念之事也。

（五）與爪哇之交涉　明成祖實錄云：「永樂五年九月癸酉，爪哇國西王都馬板遣使亞列加恩等來朝謝罪。先爪哇西王與東王相攻殺，遂滅東王。時朝廷遣使往諸番國，經過東王所治，官軍登岸市易，爲西王兵所殺者百七十人。西王聞之懼，至是遣人謝罪。上遣使齎敕諭都馬板曰：『爾居南海，能修職貢，使者往來，以禮迎送，朕嘗嘉之。比與東王構兵，而累及朝廷，所遣使百七十餘人皆殺，此何辜也？且爾與東王均受朝廷封爵，乃逞貪忿擅滅之，而據其地，違天逆命，有大於此乎？方將興師致討，而遣亞列加恩等詣闕請罪。朕以爾能悔過，姑止兵不進。但念百七十人死於無辜，豈可已也！即輸黃金六萬兩，償死者之命，且贖爾罪。（黃省曾西洋朝貢典錄卷上眞臘條云：番人殺唐人則誅；唐人殺番人，罰金而已。是則爪哇之罰金，蓋寬待之也）。庶可保爾土地人民，不然，問罪之師，終不可已也。安南之事，可鑒矣。』」（明成祖實錄卷七十一）嚴從簡殊域周咨錄云：「永樂四年，西王貢珍珠珊瑚空靑等物，東王亦貢馬，既而西王與東王相戰，遂殺東王。時我使人舟過東王城，被西王殺我百七十人，西王遣使言東王不當立，已擊滅之矣。降詔切責。五年，西王都馬板上表請罪，願償黃金六萬兩，復立東王之子，從之。六年，西王都馬板獻黃金一萬兩，謝罪，禮部臣言其欠償金五萬兩，下使者法司治之。上曰：『遠人欲其畏罪而已，豈利其金耶？且既能知過，所負金悉免之。』仍遣使齎勅諭意，賜鈔幣而還（殊域周咨錄卷八爪哇）。此爲我國旅外人士被殺由政府出而交涉之一例，以視後世南洋一帶華人被人殘殺虐待，政府置若不問者，其賢不肖相去爲何如耶？至於免獻所欠償金，則又可見對待弱小民族寬厚之意志，與後世帝國主義者之利用機會，以豪取巧奪爲目的者，其賢不肖又不可以道里計矣。

第三節　第二次出使之大事

第二次出使時間，爲永樂五年冬，至永樂十年夏。偕王景弘王貴通等同行。其隨從官軍寶船，無數可稽。在此時期中，除例行封賞外，值得記載之大事，有下列各端：

（一）浡泥國王之朝貢　罪惟錄浡泥條云：「永樂三年，封其世子麻那惹加那乃爲浡泥國王。六年，王率其妃及子弟妹等來朝王上金表獻珍物，妃箋獻中宮東宮，上宴王奉天門。是年王卒會同館，上輟朝三日，賻贈有加。工部具棺槨明器，葬德安門外，樹碑神道，求西南彝籍中國者爲守塚。有司春秋少牢祠，謚曰恭順。命其子遐旺襲王，護之還。其國故事，歲輸爪哇片腦四十斤，上勅爪哇罷征，封其國之後山爲長寧鎮國山，系御碑文之後，有『於萬斯年仰我大明』之句。遐旺還國，遣其叔父慶的哩哈盈等百八十人貢謝。」（罪惟錄傳三十六浡泥國　殊域周咨錄云：「永樂三年詔遣使封其國王麻那惹加那乃爲王，給印符誥命。六年，王率其妻子家屬陪臣來朝，泊福州港，守臣以聞，上念王距中國數萬里，遠涉鯨波而至，遣中使偕禮部官往迎勞之，所過諸郡，皆設宴。既至，王奉表入見，幷上東宮箋，各獻方物。妃亦上中宮箋，獻珍物。上享王於奉天門，別宴妃及王弟王子陪臣他所，復命供張會同館，日給牲牢上尊，賜王金，繡龍金麒麟等襲衣，金玉裝帶儀仗，鞍馬，入賜妃與王子冠服，下逮陪臣傔從文綺紗羅襲衣，出就會同館，復賜宴焉。王卒於館，輟朝三日，祭賻甚厚。謚爲恭順，賜葬南京城南石子岡，以西南蠻人隸籍中國者守之。樹碑建祠，命有司春秋致祭，令其子遐旺襲封，遣行人內官護送歸國。瀕行，賜宴奉天門，別宴王母陪臣等，賜金百兩，銀三千兩。凡館中幃幔裀褥器皿，悉撤以贈。復命禮部宴餞於龍江驛，又宴龍潭驛。初國王麻那惹加那乃上言蒙恩封王爵，境土皆屬職方，國有後山，乞封表爲一方之鎭。王卒，其子遐旺以爲請，六年，詔封其山爲長寧鎭國山，御製碑刻石於上。（域殊周咨錄卷八浡泥）黃省曾曰：「余常遊金陵，至石子岡，過浡泥恭順王墓，未嘗不歎天子待島夷之至，而慶恭順之遭也。（西洋朝貢典錄卷上浡泥國）。信然。今其墓址已不可考矣（詳見第六章）

（二）錫蘭寺之布施　永樂七年二月初一日，鄭和等布施金銀供器等於錫蘭山寺，並勒碑以紀之。據星槎勝覽錫蘭山條云：「永樂七年皇上命正使太監鄭和等齎捧詔勑，金銀供器，彩妝織金寶幡，布施於寺。及建石碑，以崇皇圖之治。」（星槎勝覽前集校注錫蘭山國）殊域周咨錄錫蘭條云：「本朝永樂七年，中使鄭和偕行人泛海至其國，齎金銀供器，綵粧織金寶幡，布施於其寺。」（殊域周咨錄卷九錫蘭）此碑於清宣統三年發見於錫蘭島，現存錫蘭博物院中。上爲漢文，下有番字，一爲塔米爾（Tamil）文，一爲波斯文。馮承鈞氏云「吾友向覺明（達）近從倫敦抄寄碑文（案爲民國二十五年間事），首曰大明皇帝遣太監鄭和王清濂等昭告於佛世尊云云，後列布施金銀織金紵絲寶幡香爐花瓶綵絲表裏燈燭等物，末題永樂七年歲次己丑二月甲戌朔日謹記。惟山本達郎在鄭和西征考中謂所見此碑拓本第二人名作王貴通。」（星槎勝覽前集校注錫蘭山國）茲據日人內藤虎次郎所拓碑文，錄之如左：

大明皇帝遣太監鄭和王貴通等昭告於佛世尊，同仰慈尊，圓明廣大，道臻玄妙，法濟羣倫，歷劫沙河，悉歸弘化，能仁慧力，妙應無方。惟錫蘭山介乎海南，言言梵剎，靈感翕彰。比者遣使詔諭諸番，海道口開，深賴慈佑，人舟安利，來往無虞。永惟大德，禮用報施。謹以金銀、織金、紵絲、寶幡、香爐、花瓶、紵絲、表裏、燈燭等物，布施佛寺，以充供養。惟世尊鑒之。總計布施錫蘭山立佛寺，供養金壹仟錢，銀伍仟錢，各色紵絲伍拾疋，織金紵絲寶幡肆對（內紅貳對，黃壹對，青壹對），古銅香爐伍個，戧金座全古銅花瓶伍對，金座全黃銅燭臺伍對，戧舍全座黃銅燈盞伍個，戧金座全硃紅漆金香盒伍個，金蓮花伍對，香油貳仟伍伯觔，臘燭壹拾對，檀香壹拾炷。永樂七年歲次己丑二月甲戌朔日謹施（李長傳中國殖民史第三章）

第四節　第三次出使之大事

第三次出使時間爲永樂七年冬，至永樂九年夏。其準備時間，似在永樂七年春。是年三月敕諭南京守備駙馬都尉宋彪，襄城伯李隆云：「今遣太監鄭和往西域忽魯謨斯等國公幹，合用樍欂搬運錢糧官軍，爾等即便照數差撥，勿得稽延。」又敕諭四方海外諸番王及頭目人等云：「朕奉天命主天下，一體上帝之心，施恩布德。凡覆載之內，日月所照，霜露所濡之處，其人民老少，皆欲使之遂其生業，不致失所。今遣鄭和齎勅普諭朕意，爾等祇順天道，恪守朕言，循理安分，勿得違越。不可欺寡，不可凌弱，庶幾共享太平之福。若有攄誠來朝，咸錫皆賞。故此勅諭，悉使聞知。」（鄭和家譜）此次出使情形，各書記載，頗爲詳備。據費信星槎勝覽云：「永樂七年，隨正使太監鄭和等往占城、爪哇、滿剌加、蘇門答剌、錫蘭山、小唄喃（即小葛蘭）、柯枝、古里等國，開讀賞賜。至永樂九年回京。」（星槎勝覽前集校注目錄）又云：「永樂七年己丑，上命正使太監鄭和王景弘等統領官兵二萬七千餘人駕駛海船四十八號，往諸番國開讀賞賜。是歲秋九月，自太倉劉家港開船，十月到福建長樂太平港停泊，十二月於福建五虎門開洋。」（星槎勝覽前集校注占城國）陸容菽園雜記云：「永樂七年，太監鄭和王景弘侯顯等統率官兵二萬七千有奇，駕寶船四十八艘，齎奉詔旨賞賜，歷東南諸番，以通西洋。是歲九月由太倉劉家港開船出海，所歷諸番地面，曰占城國，曰靈山，曰崑崙山，曰寶童龍國，曰眞臘國，曰暹羅國，曰假馬里丁（當作假里馬丁），曰交闌山，曰爪哇國，曰舊港，曰重迦羅，曰吉里地悶，曰滿剌加國，曰麻逸凍，曰彭坎，曰東西竺，曰龍牙迦邈，曰九州山，曰阿魯，曰淡洋，曰蘇門答剌，曰花面王（當作花面王國），曰龍嶼（當作龍涎嶼），曰翠嵐嶼（當作翠藍嶼），曰錫蘭山，曰溜山洋（當作溜山洋國），曰大葛蘭（似脫小葛蘭），曰阿枝國，曰榜葛剌，曰卜剌哇，曰竹步，曰木骨都東（當作木骨都束），曰阿丹，曰剌撒，曰佐法兒國，曰忽魯謨斯，曰天方，曰琉球，曰三島國，曰渤泥國東，曰蘇祿國。至永樂二十二年八月十五日，詔書停止。諸番風俗土產，詳見太倉費信所上星槎勝覽。」（紀錄彙編卷一百八十一）此役與第一次出使相較，其官兵數目，仍如舊數。其寶船數目，則由六十二艘減至四十八號矣。其隨從人員，除王景弘外，有譯字太倉費信。（費信星槎勝覽自序：愚生費信，祖氏吳郡崐山民也。洪武三十一年，先兄籍太倉衞，不幾而歿世。信年始十四，代兄當軍，且家貧而陋室，志篤而好學，日就月將偷時借書而習讀。年至二十二，永樂至宣德間，選往西洋，四次隨征正使太監鄭和等至諸海外，歷覽諸番人物風土所產，集成二帙，曰星槎勝覽。）隨行將領，有錦衣衞指揮僉事李實何宗義，正千戶彭以勝，旗手衞正千戶林全等（明成祖實錄卷一百十八）。在此時期中，除例行封賞外，值得記載之大事，有下列各端：

（一）占城國王之歡迎　星槎勝覽占城條云：「永樂七年十二月，於福建五虎門開洋，張十二帆，順風十晝夜到占城國。其國臨海有港曰新洲（今安南歸仁），西抵交趾，北連中國，他番寶船到彼，其酋長頭戴三山金花冠，身披錦花手巾，臂腿四腕，俱以金鐲。足穿玳瑁履，腰束八寶方帶，如妝塑金剛狀。乘象，前後擁隨番兵五百餘，或執鋒刃短鎗，或舞皮牌，搥善鼓，吹椰笛殼筒。其部領皆乘馬出郊迎接，詔賞，下象，膝行，匍匐，感沐天恩。奏貢方物。」（星槎勝覽前集校注占城國）罪惟錄占城條云：「永樂元年，其王占巴的剌遣使來貢，告卽位，乞諭安南勿侵，許之。四年，上征安南，出兵助戰。明年，復安南所侵地，獻俘。七年，命鄭和出使，王擁五百餘人，執鎗刃，舞皮鼓牌，搥鼓，吹椰殼筒，膝行蒲伏以迎。」（罪惟錄傳三十六占城國）蓋明廷助其恢復失地，故對於鄭和之行，竭誠擁戴也。

（二）滿剌加國王之敕封　星槎勝覽滿剌加條云：「永樂七年，皇上命正使太監鄭和等齎捧詔勅，賜以雙臺銀印，冠帶袍服，建碑封域，爲滿剌加國。後暹羅始不敢擾。」（星槎勝覽前集校注滿剌加國）瀛涯勝覽滿剌加條云：「永樂七年己丑，上命正使太監鄭和等統齎詔勅，賜頭目雙臺銀印，冠帶袍服，建碑封城，遂名滿剌加國。是後暹羅莫敢侵擾。」（瀛涯勝覽校注滿剌加國）皇明象胥錄滿剌加條云：「永樂三年，其酋長拜里迷蘇剌遣使奉金葉表朝貢，願內附爲屬郡。七年，中使鄭和齎詔勅銀印，封爲滿剌加國王，請定疆域，并封其國西山，俾暹羅無侵擾。詔封爲鎭國之山，賜御製碑文勒石。」（皇明象胥錄卷五滿剌加）（詳見第六章）

（三）九洲山之採香　星槎勝覽九洲山條云：「其山與滿剌加國接境，產沉香，黃熟香，水木叢生，枝葉茂翠。永樂七年，正使太監鄭和等差官兵入山採香，得徑有八九尺，長八九丈者六株，香清味遠。黑花細紋，其實罕哉。番人皆張目吐舌，悉皆讚天兵之力，贔屭之神，蛟龍走，兔虎奔也。詩曰：

九洲山色秀，遠見鬱蒼蒼，四面皆環海，滿枝都是香。樹高承雨露，歲久表禎祥，採伐勞天

使，回朝獻帝王。（星槎勝覽前集校注九洲山）

西洋朝貢典錄滿剌加條云：「其與滿剌加接境有九洲之山，其中多沉香黃熟香。永樂之歲，鄭和採香於此，獲六株焉。其徑八九尺，其長八九丈，皆是黑細花紋，人所未覩焉。（西洋朝貢典錄卷上滿剌加）

（四）錫蘭山王之廢立　星槎勝覽錫蘭山條云：「永樂七年，皇上命正使太監鄭和等齎捧詔勅，賞賜國王頭目，其王亞烈苦奈兒（Alagakkonsra）負固不恭，謀害舟師。我正使太監鄭和等深機密策，暗設兵器，三令五申，使衆啣枚疾走，夜半之際，信砲一聲，奮勇殺入，生擒其王。至永樂九年，歸獻闕下，尋蒙恩宥，俾復歸國，四夷悉欽。」（星槎勝覽前集校注錫蘭山國）皇明象胥錄錫蘭山條云：「永樂九年，中使鄭和齎詔諭西洋諸國歸，經錫蘭山，其王亞烈苦奈兒負固，謀發兵絕歸塗。和先發銜枚襲擊，虜其王，獻俘闕下，釋之，擇立屬賢者。十年，封耶巴乃那為王。」（皇明象胥錄卷五錫蘭山）罪惟錄錫蘭國條云：「永樂初，國王亞烈苦奈兒數要刦往來使者，諸番苦之。七年，鄭和偕行人諸番至其國，王侮之，欲加害，和覺疾去。及還，復過王，王誘和至國中，令其子納言索寶貨不與，潛發兵五萬餘，出刦和，且斷歸路。和出不意，間道，覓搗王城，破之，俘王及家屬諸頭目歸。詔釋其王不死，其屬舉耶巴乃那賢，齎詔往封，并送故王歸。未至而國人已立不剌葛麻巴思剌查為王，詔使遜位。」（罪惟錄傳三十六錫蘭國）明史鄭和傳云：「永樂六年九月，再往錫蘭山，國王亞烈苦奈兒誘和至國中，索金幣，發兵刦和舟。和覘賊大衆既出，國內虛，率所統二千餘人，出不意攻破其城，生擒亞烈苦奈兒及其妻子官屬。劫和舟者聞之，還自救，官軍復大破之。九年六月，獻俘於朝，帝赦不誅，釋歸國。」（明史卷三百四宦者傳）明成祖實錄云：「永樂九年六月己巳，內官鄭和等使西洋諸番國還，獻所俘錫蘭山國王亞烈苦奈兒幷其家屬。和等初使諸番，至錫蘭山，亞烈苦奈兒侮慢不敬，欲害和，和覺而去。亞烈苦奈兒又不輯睦鄰國，屢邀劫其往來使臣，諸番皆苦之。及和歸，復經錫蘭山，遂誘和至國中，令其子納顏索金銀寶物，不與。潛發番兵五萬餘劫和舟，而伐木拒險，絕和歸路，使不得相援。和等覺之，卽擁衆回舡，路已阻絕。和語其下曰：『賊大衆既出，國中必虛，且謂我客軍孤怯，不能有為，出其不意，攻之可以得志。』乃潛令人由地道至舡，俾官軍盡死力拒之，而躬率所領兵二千餘，由間道急攻王城，破之，生擒亞烈苦奈兒幷家屬頭目。番軍復圍城，交戰數合，大敗之，遂以歸。羣臣請誅之。上憫其愚無知，姑釋之，給與衣食，命禮部議擇其賢者立為王，以承國祀。十月壬辰，論錫蘭山戰功，陞錦衣衛指揮僉事李實何義宗俱為本衛指揮同知，正千戶彭以勝，旗手衛正千戶林全俱為本衛指揮同知僉事。」（明成祖實錄卷一百十六至一百十八）是為遠征軍第二次所遭之大戰役，以二萬七千餘人，對五萬敵軍，而大敗其衆，非熟嫻韜略，何能奏功。於是鄭和聲威，遠震印度洋濱。明史稱：「是時交阯已破滅，郡縣其地，諸邦益震讋，來者日多。」（明史卷三百四鄭和傳）是則鄭和出使之成功，蓋非偶然之事矣。

（五）滿剌加王之朝貢　滿剌加國王之入朝，或作永樂七年，或作九年，或作十三年，當以九年爲是」、據星槎勝覽滿剌加條云：「永樂十三年，酋長感慕聖恩，挈妻攜子，貢獻萬物，涉海朝謝，聖上賞勞歸國。」（星槎勝覽前集校注滿剌加國）瀛涯勝覽滿剌加條云：「永樂七年，其頭目蒙恩爲王，挈妻子赴京朝謝，貢進方物，朝廷又賜與海船回國守土。」（瀛涯勝覽校注滿剌加國）殊域周咨錄滿剌加條云：「永樂九年，嗣王拜里蘇剌（Paramesvara）率其妻子陪臣五百四十餘人來貢，廣州驛聞，上念其輕去鄉上（當作土），跋涉海道而至，遣中官海壽，禮部郎中黃裳等往宴勞之，復命有司供張會同館。既至，奉表入見，幷獻方物。上御奉天門宴勞之。別宴王妃及陪臣等；仍命光祿寺日給牲牢上尊，命禮部賜王錦繡龍衣二襲，麒麟衣一襲，及金銀器皿幃幔裀褥，賜王妃及其子姪陪臣傔從紋綺紗羅襲衣有差。出就會同館，復宴。既而王辭歸餞於奉天門，別餞王妃陪臣等，賜勅勞王，賜王金鑲玉帶儀仗鞍馬黃金百兩，白金五百兩，賜妃冠服白金二百兩，賜王子姪冠帶幷陪臣等各賞賚有差。復命禮部餞於龍江驛，仍賜宴於龍潭驛。」（殊域周咨錄卷八滿剌加）滿剌加王之入朝，由於感慕聖恩，所謂聖恩卽滿剌加自經明廷建碑封域以後，暹羅不敢侵掠，得以保其國土。所謂抑强扶弱，此一例也（詳見第六章）。

第五節　第四次出使之大事

第四次出使時間爲永樂十一年冬，至永樂十三年夏，仍偕王景弘同行。費信因於永樂十年隨奉使少監楊敕（疑當作敏）等往榜葛剌等國（至永樂十二年回京），未能偕行（星槎勝覽前集目錄）。

其通譯事務，係馬歡（字宗道，會稽人，自號會稽山樵。一作馬觀。著瀛涯勝覽）負責。又求得陝西西安羊市大清淨寺掌教哈三隨行，以爲通譯回語之用（嘉靖二年重修清淨寺記）。其隨行將領，則有水軍右衛流官指揮使唐敬，流官指揮僉事王衡，金吾左衛流官指揮使林子宣，龍江左衛流官指揮僉事胡復，寬河衛流官指揮同知哈只，錦衣衛正千戶陸通、馬貴、張通、劉海等（明成祖實錄卷一百六十六）。據明成祖實錄云：「永樂十年一月丙申（明史本紀誤作丙辰），遣太監鄭和等齎勅往賜滿剌加、爪哇、占城、蘇門答剌、柯枝、古里、喃浡利（南巫里）、彭亨、急蘭丹、加異勒、忽魯謨斯、比剌、溜山、孫剌諸國王錦綺紗羅綵絹等物有差。」（明成祖實錄卷一百三十）又馬歡瀛涯勝覽云：「永樂十一年癸巳，太宗文皇帝勅命正使太監鄭和統領寶船往西洋諸番開讀賞賜。余以通譯番書，亦被使末。」（瀛　勝覽序）馬氏另撰紀行詩一首，專紀此次出使之景況。其詩曰（本詩載瀛涯勝覽卷首又見西洋通俗演義）：

皇華使者承天勅，宣布綸音往夷域、鯨舟吼浪滄溟深，經涉洪濤渺無極。洪濤浩浩湧瓊波，羣山隱隱浮青螺，占城港口暫停憩，揚帆迅速來闍婆（今爪哇）。闍婆遠隔中華地，天氣蒸人人物異，科頭跣足語侏儒，不習衣冠兼禮義。天書到處騰歡聲，蠻首酋長爭相迎，南金異寶遠馳名，懷思慕義攄忠誠。闍婆又往西南去，三佛齊過臨五嶼，蘇門答剌峙中流，海船番商經此聚。自此分䑸往錫蘭，柯枝古俚連諸番，弱水南濱溜山谷，去路茫茫更險艱。欲投西域還凝目，但見波光接天綠，舟人矯首混東西，惟指星辰辨南北。忽魯謨斯近海傍，大宛未息通行商，曾聞博望使絕域，何如當代覃恩光。書生從投忘卑賤，使節三陪遊覽遍，高山巨浪豈曾覩，異寶奇珍今始見。俯仰堪輿無有垠，際天極地皆王臣，聖朝一統混華夏，曠古及今孰可倫。聖節勤勞恐遲暮，時值南風指歸路，舟行四海若遊龍，回首遐陬接煙霧。歸到京華覲紫宸，龍墀納拜皆奇珍，爵祿均頒雨露深，重瞳一顧天顏喜（西洋記通俗演義第一百回）。

於此可見此行之途徑及其盛況。此役統軍二萬七千餘，寶船四十隨行（殊域周咨錄卷九蘇門答刺）。在此時期中，除例行封賞外，值得記載之大事，有下列各端：

（一）蘇門答刺偽王蘇幹刺之擒獻　星槎勝覽蘇門答刺條云：「永樂十一年，偽王蘇幹刺（Sekandar）寇竊其國，王遣使赴闕陳訴請救，上命正使太監鄭和等統率官兵勦捕，生擒偽王，至永樂十三年歸獻闕下。」（星槎勝覽前集校注蘇門答刺國）瀛涯勝覽蘇門答刺條云：「蘇門答刺國王先被那孤兒花面王侵掠，戰鬥身中藥箭而死，有一子幼小，不能與父報仇。其王之妻與衆誓曰：『有能報夫死之仇復全其地者，吾願妻之，共主國事。』言訖，本處有一漁翁，奮志而言『我能報之』。遂領兵衆，當先殺敗花面王，復雪其仇。花面王被殺，其衆退伏，不敢侵擾。王妻於是不負前盟，即與漁翁配合，稱爲老王。家室地賦之類，悉聽老王裁制。永樂七年，效職進貢方物，而沐天恩。永樂十年，復至其國。其先王之子長成，陰與部領合謀弒義父漁翁，奪其位，管其國。漁翁有嫡子名蘇幹刺，領衆挈家逃去鄰山，自立一寨，不時率兵侵復父仇。永樂十三年，正使太監鄭和等統領大綜寶船到彼，發兵擒獲蘇幹刺，赴闕明正其罪。其王子感荷聖恩，常貢方物於朝廷。」（瀛涯勝覽校注蘇門答剌）罪惟錄蘇門答剌條云：「永樂三年，酋長宰奴里阿必丁遣阿里朝貢，詔封酋長爲國王。五年再貢。已而王與花面王戰。敗中矢死。子鎖丹罕難阿必鎮幼，王妻號於國曰：『誰復此仇，吾以爲夫。』國中有漁父者，起兵殺花面王，王妻曰：『夫我。』遂尊漁父爲老王。七年，遣其臣阿里表貢。久之故王子長，陰與部曲謀殺漁父，而漁父之子蘇幹剌者，復起兵哨山，爲父報仇。會鄭和入海，賜諸番，蘇幹剌怨朝賜僅及鎖丹罕難阿必鎮，領衆邀擊和軍。和與戰敗之，蘇幹剌走，追至南浡里，幷獲其妻子，俘行在伏誅。」（罪惟錄傳三十六蘇門答剌國）明史鄭和傳云：「永樂十年十一月，復命和等往使，至蘇門答剌，其前僞王子蘇幹剌者，方謀弒主自立，怒和賜不及己，率兵邀擊官軍。和力戰，追擒之喃渤利，並俘其妻子，以十三年六月還朝。帝大喜，齎諸將士有差。」（明史卷三百四宦者傳）明成祖實錄云：「永樂十三年九月壬寅，鄭和獻所獲蘇門答剌賊首蘇幹剌等。初和奉使至蘇門答剌，賜其王宰奴里阿必丁綵幣。蘇幹剌乃前僞王弟，方謀弒宰奴里阿必丁，以奪其位。且怒使臣賜不及已，領兵數萬，邀殺官軍。和帥衆及其國兵與戰，蘇幹剌敗走，追至南浡利國，並其妻子俘以歸。至是獻於行在，兵部尙書方賓言：『蘇幹剌大逆不道，宜付法司正其罪。』遂命刑部按法誅之。命兵部錄蘇門答剌戰功，於是水軍右衞流官指揮使唐敬，流官指揮僉事王衡，金吾左衞流官指揮使林子宣，龍江左衞流官指揮僉事胡復，寬河衞流官指揮同知哈只，皆命世襲。錦衣衞正千戶陸通、馬貴、張通、劉海俱升流官指揮僉事。」（明成祖實錄卷一百六十八）此役蘇幹剌以數萬之衆，爲鄭和與鎖丹罕難阿必鎮之聯合軍所破，歸獻闕下，按法誅死，可謂主持正義之義戰，是爲遠征軍第三次所遭之大戰役。費信稱：「自經此役，諸番震服。」（星槎勝覽前集蘇門答剌）其影響所及，亦云偉矣。黃省曾曰：「鄭和在舊港執陳祖義，至蘇門答剌又執蘇幹剌，雖古之義人烈士，何以加焉？」（西洋朝貢典錄卷中蘇門答剌國）諒哉言也！（殊域周咨錄卷九蘇門答剌條云：「按別誌永樂五年國王與花面王戰敗，中矢死，子弱不能復仇，其妻發憤令於國曰：『能復此仇者，我以爲夫，與共國事。』有漁翁聞之，率衆攻殺花面王，王妻遂從漁翁。永樂七年，漁翁王來貢，上喜，厚賜之。十年遣使至其國，故王假子率部衆殺漁翁王，其子蘇幹剌衆奔於隋山。時時相侵，欲復仇。十一年，太監鄭和擒假子送京伏法，漁翁子感激，貢方物甚夥。花面王者，即那孤兒王也，國小，僅比大村，祇千餘家，人皆黥面以故號花面。風俗語言，類蘇門答剌。其事與此稍異，姑附記之。）

（二）南京天妃御製弘仁普濟天妃宮碑之刊勒　明初遣使航海外國，必載天妃神主於舟中。相傳每遇風濤，有禱則應，或蝶或雀，或燈光，舟人見之，則化險爲夷。永樂七年（西元一四〇九年）鄭和出使西洋，加封護國庇民妙應昭應弘仁普濟天妃，建祠於南京儀鳳門外（殊域周咨錄卷八瑣里古里）。十四年（西元一四一六年），刊立御製弘仁普濟天妃宮之碑。其文曰：

仰維皇考太祖高皇帝肇域四海，幅員之廣，際天所覆，極地所載，咸入版章。中外懷柔，幽明循職，各得其序。朕丕承鴻基，勉紹先志，罔敢或怠，撫輯內外，悉俾生遂，夙夜兢惕，惟恐弗逮。恆遣使敷宣教化於海外諸番國，導以禮義，變其夷習。其初使者涉海洋，經浩渺，颶風黑雨，晦冥黯慘，雷電交作，洪濤巨浪，摧山倒嶽，龍魚變怪，詭形異狀，紛雜出沒，驚心駭目，莫不錯愕。乃有神人飄飄雲際，隱顯揮霍，上下左右，乍有忽無，以妥以侑。旋有紅光如日，煜煜流動，飛來舟中，凝輝騰耀，徧燭諸舟，熇熇有聲。已而煙消霾霽，風浪帖息，海波澄鏡，萬里一碧，龍魚遁藏，百怪潛匿，張帆蕩艫，悠然順適，倏忽千里，雲駛星疾。咸曰：『此天妃神顯示靈應，默加佑相。』歸日以聞，朕嘉乃績，特加封號曰護國庇民妙靈昭應弘仁普濟天妃，建廟於都城之外，龍江之上，祀神報貺。

自是以來，神益顯休應，視前有加，凡使者及諸番國朝貢重譯而來者，海泊往還，駕長風，馭飛帆，驀數萬里，若履平地，略無波濤憂險之虞，歌吟恬嬉，咸獲安濟。或膠於淺，冒入險阻，則陵徙谷移，略無關閡，奇靈異效，莫可殫紀。

今夫江湖之間，以環海視之，如池沼之多，猛風急浪，尙有傾檣破楫之患者，況於臨無涯不測之巨浸也哉！然則神之功於是爲大矣。雖然，君國子民，其任在朕，而衞國庇民，必賴於神。陰陽表裏，自然之道，滄溟渤海，神之攸司。凡風霆雨露，寒暑燥濕，調燮惟宜，易沴爲祥，奠危爲安，剷險爲夷，皆神之能，其可無文以著其蹟。爰書其事，建碑於宮，並系以詩曰：

湄州神人濯厥靈，朝游玄圃暮蓬瀛，扶危濟弱俾屯亨，呼呼即應禱即聆。
上帝有命司滄溟，驅役百怪降魔精，囊括風雨雷電霆，時其發泄執其衡。
洪濤巨浪帖不驚，凌空若履平地行，雕題卉服皆天氓，梯航萬國悉來庭。

神庇佑之功溥弘，陰翊默衛向昭明，寢宮奕奕高以閎，報祀蠲潔騰苾馨。神之來兮佩瓏玲，駕飇颷兮旖霓旌，雲爲戾兮霧爲屏，靈繽續兮倏而升。視下土兮福蒼生，民安樂兮神攸寧，海波不興天下平，於千萬世揚休聲。

永樂十四年四月初六日

今碑文尙完整，雕刻極佳，惟龜趺之首，已經殘損。

第六節　第五次出使之大事

第五次出使時間爲永樂十五年冬，至永樂十七年秋，明史鄭和傳云「永樂十四年冬，滿剌加古里等十九國遣使朝貢，辭還，復命和等偕往，賜其君長。十七年七月還。」（明史卷三百四宦者傳）明成祖實錄云：「永樂十四年十二月丁卯（十日），古里、爪哇、滿剌加、占城、錫蘭山、木骨都束、溜山，喃渤利、卜剌哇、阿丹、蘇門答剌、麻林、剌撒、忽魯謨斯、柯枝、南巫里、沙里灣泥、彭亨諸國及舊港宣慰司使臣辭還，悉賜文綺襲衣，遣中官鄭和等齎勅及錦綺紗羅綵絹等物，偕往賜各國王。永樂十七年七月庚申，官軍自西洋還，上諭行在禮部臣曰：『將士涉歷海洋，逾十數萬里，經數十國，蓋亦勞矣，宜賞勞之。』於是都指揮人賞鈔二十錠，指揮人十八錠，千百戶衛所鎭撫人十六錠，火長人等人十五錠，旗軍人等人十二錠。」（明成祖實錄）其隨從人員，有僧人勝慧（永樂十八年刊太上說天妃救苦靈驗經後題記）等將領有朱眞、唐敬等。明成祖實錄云：「永樂十八年五月辛未，命行在兵部，凡使西洋忽魯謨斯等國回還官旗二次至四次者，俱升一級。於是升龍江左衛指揮朱眞爲大寧都指揮僉事，掌龍江左衛事。水軍右衛指揮使唐敬爲都指揮僉事。」（明成祖實錄卷二百二十五）據星槎勝覽云：「永樂十三年隨正使太監鄭和等往榜葛剌諸番，直抵忽魯謨斯等國，開讀賞賜，至永樂十四年回京。」（星槎勝覽前集校注目錄）馮承鈞氏謂：「考明史明實錄南山寺碑，鄭和第四次下西洋，以永樂十年往，永樂十三年還。第五次下西洋，以十四年十二月往，十七年七月還，別無十三年往榜葛剌諸番事。鄭和應是侯顯之誤。」（同上）其言是也。案星槎勝覽榜葛剌條云：「永樂十年幷永樂十三年，二次上命太監侯顯等。」（校注：據卷首行程表（案即前集目錄）永樂十年使榜葛剌者是少監楊敕，此處疑有脫文，原文殆作上命少監楊敕太監侯顯等）。則費信此役，似未從行。其隨從官軍寶船，亦無數可稽。在此時期中，除例行封賞外其值得記載之大事，有下列各端：

（一）泉州之行香　行香之制，起於後魏，及江左齊梁間，每燃香薰手，或以香沫散行，謂之行香。唐初因之。文宗朝省掾以設齋行香，事無經據，乃罷。宣宗復釋教，其儀遂行（清褚稼軒堅瓠餘集卷四）。泉州仁風門（東門）外二里許靈山有古回敎先賢塚，塚上有亭，（已坍塌）亭之東北西三面，皆有石廊繞之，廊之北面，有元英宗至治三年（西元一三二三年）阿拉伯文刻石一塊，其旁有同治間福建提督江長貴新修墓碑一塊（漢文），西面廊下有永樂十五年（西元一四一七年）鄭和來此行香刻石云：

欽差太監鄭和前往西洋忽魯謨斯等國公幹，永樂十五年五月十六日於此行香，望聖靈庇祐鎭撫。蒲和月日記立。

鄭和刻石南首，有嘉慶間福建提督馬建紀重修墓碑記。按閩書云：「靈山有默德那國二人葬焉，回回之祖也，回回家言默德那國有嗎喊以德聖人，生隋開皇元年（西元五八一年）聖眞顯美，其國王聘之，御位二十年，降示經典，好善惡惡，奉天傳教，日不曬暴，雨不濕衣，入火不死，入水不溺，呼樹而至，法回而行。門徒有大賢四人，唐武德中來朝，遂傳教中國。一賢傳教廣州，二賢傳教揚州，三賢四賢傳教泉州，卒葬此山。二人自葬是山，夜光顯發，人異而靈之，名曰聖墓，曰西方聖人之墓也。」（閩書卷七方域志靈山）又至治間阿剌伯文刻石云：「此墓爲昔日傳教此方二先賢之墓，賢者當發克富在位時，卽來此，有善行，至今尙爲人稱道。後卒葬於此山，人民懷其德而思之，葬有靈異，其有遭運不佳，或抱病不起者，皆來此祈禱，二賢保祐，有求必應。每屆冬季，常有多人，自遠方至此墓瞻禮行香，歸家無不康健安全，俱歎行千里而不徒勞也。留居此地之回教公會，特貲修墓，尙祈上帝慨發鴻恩，使此二墓，永遠保存，俾此二賢骸骨，不致暴露風雨也。時回教紀元七百二十二年勒墨藏月（第九月卽耶穌紀元一千三百二十三年元英宗至治三年）也。」又嘉慶間重修墓碑記云：「歲在著雍攝提格之孟陬，余奉命提督福建陸路軍務來泉州，因知東關外有爸爸墓焉。按府志記載唐武德中來朝，有三賢四賢，傳教泉州，卒葬於此。葬後此山夜光顯發，人因而靈之，名斯墓曰靈山。明永樂欽差太監鄭和前往西洋忽魯謨斯，行香於此。蒙其庇祐，刊立碑記。我朝康熙年間，福建汀邵延等處總兵官陳有功，陸路提標左中軍遊府陳美，乾隆癸卯（四十八年）辛未（十六年），孝廉郭拔萃夏必第等相繼修葺，迄今日久坍塌，募捐俸金修葺，再建墓亭，懸匾於上，以昭靈爽，用答神庥。竣工行其事而爲之記。署福建全省陸路提督軍門漳州總鎮西蜀馬建紀勒石」。又同治間新修墓碑云：「我教之行於中國，由來舊矣。泉州濱大海，爲中國最東南邊地，距西域不下數十萬里，則教之行於斯也，不亦難乎。同治庚午（九年）秋，長貴奉命提督福建陸路軍務，蒞任泉州。下車後。詢問地利，部下有以郡東郊有三賢四賢墓告者，初聽之而疑其誤也，繼思之而恐其訛也。公餘策馬出城，如所告而訪之，二崗之上，果有兩墓在焉。而不知其始於何代，及爲何如人。墓側碑碣，苔蝕沙霾，字跡漫漶，多不可辨。惟我蜀公權篆時，所譔有亭，尚未磨滅，而亭久傾圮，碑仆臥塵沙中，不知幾歷年所矣。竟日爬刮，繼以淋洗，始得約略捫讀。證諸郡志，乃獲其詳，蓋三賢四賢於唐武德中入朝，傳教泉州，卒而葬此者。厥後屢顯靈異，郡人士咸崇奉之。明永樂太監鄭和出使西洋，道此蒙祐，曾立碑記。我朝康熙乾隆間，泉之官紳，迭繼修治。馬公重修事在嘉慶二十三年，乃其最後者也，然於今已五十四寒暑矣。其間水旱兵燹，未嘗無之，雖荊棘蒙蔓，不免就荒，而兩墓巍然無恙。且適有來官是土之余，以踵馬公於五十四年之後。噫，得毋兩賢之靈，有以默相之乎。然則西域雖遠，其教之能行於中國最東南邊地也，更無論矣。於是捐廉擇吉，鳩工重修。既竣事，誌其崖略如此。惟冀後之來者，以時展繕，勿任其如馬公及余相去之遠，而未葺治，日復一日，漸就湮沒也。是則我教之本，抑亦余所深禱者爾。同治十年歲在辛未季秋之月下旬穀旦，領命提督福建全省陸路軍務執勇巴圖魯監亭江長貴盥沭敬譔。」（地學雜誌第十七年第一期張星烺泉州訪古記）綜上觀之，可知回墓之靈跡。碑稱其「有遭運不佳，或抱病不起者，皆來此祈禱二聖保祐，有求必應，每屆冬季，常有多人，自遠方至此墓，瞻禮行香，歸家無不康健安全，俱嘆行千里而不徒勞。」則其爲世人所靈異者，自元已然。鄭和本崇奉回敎，信仰靈異，故來此行香，其聲聞所及，可謂遠矣。

(二)柯枝之封銘　柯枝之封山勒銘，或云在永樂十年，或云在十五年，當以　五年爲是。皇明象胥錄柯枝條云：「永樂二年，國王可亦里遣使朝貢。十年復至，請封其國大山。詔賜王印誥，幷封山曰鎮國，上親製碑文。其銘曰：

截彼南山，作鎮海邦，吐烟出雲，爲下國洪龐。時其雨暘，肅其煩歊，作彼豐穰，祛彼氛妖。庇于斯民，靡災靡沴，室家胥慶，優游卒歲。山之嶄兮，海之深矣，勒此銘詩，相爲終始。」

會中使鄭和使至其國（皇明象胥錄卷五柯枝）。罪惟錄柯枝條云：「洪武中來貢。永樂二年，王亦可里遣其臣完者答兒來貢。十五年，封爲柯枝國王，賜印誥，幷封其中山爲鎮國山，給碑文而系之以銘曰：

截彼南山，吐咽出雲，爲下國洪龐。時其雨暘，肅其煩歊，作彼農穰。庇於斯民，靡菑靡沴，不若不逢。海深山嶄，勒此銘詩，相爲始終。」（罪惟錄傳三十六柯枝國）

(三)西南諸國之貢獻　永樂十五年（西元一四一七年），鄭和統領舟師往西洋諸國，忽魯謨斯等進獅子、金錢豹、西馬，阿丹進麒麟，番名祖剌法，幷長角馬哈獸，木骨都束進花福鹿幷獅子，卜喇哇進千里駱駝幷駝雞，爪哇進麋里羔獸，各進方物，皆古所未有聞者（明成祖實錄卷二百三十三）。（瀛涯勝覽阿丹國條云：福祿如騾子樣，白身白面，眉心隱隱起細細青條花，起滿身，至四蹄，細條如間道，如畫青花。麒麟前二足高九尺餘，後兩足約高六尺，頭擡頸長一丈六尺，首昂後低，人莫能騎，頭上有二肉角，在耳邊，牛尾鹿身，蹄有三跲，匾口。又祖法兒條云：駝鷄身遍頸長，其狀如鶴，脚高三四尺，每脚只有二指，毛如駱駝，形似駱駝，因此名駝鷄。其駱駝則有單峯者，有雙峯者。）翰林學士金幼孜爲作賦曰：

永樂己亥秋八月旦吉，西南之國，有以異禽來獻者，稽往牒而莫徵，考載籍而難辨。皇帝御奉天門，特以頒示羣臣，莫不引領快覩，頓足駭愕，以爲希世之罕聞，中國所未見。其爲狀也。駝首鳳喙，鶴頸鳧臆，蒼距矯攫，修尾𩬊萃，雄姿逸態，鷙武且力，衡不逾咫，高可八尺，名曰駝鷄，生彼番國。想其質胞火德，體孕陽精，目含碧而星耀，頂凝紫而雲蒸，顛凌風以聳拔，翼摩空而崢嶸，冠峨峨以高纛，聲膠膠而振騰，豈羽毛之同族，實異狀而殊形，感聖德之遠被，將獻琛於天庭。爾其分重譯，辭海陬，貯以雕籠，載以長舟，風馭指以前路，川后導以安流，鵾鵬相參以迴翔，精衛從之而夷猶。駭天吳兮赴列缺，懾蒼螭兮奔素虬，晞晨光於暘谷，弄夕景於瀛洲，倏忽萬里，達於九重，闊步長趨，氣凌天空。性實馴狸，貌甚雍容，昂首拂青雲，鼓翼生長風。山雞野雉不敢敵，青鸞紫鳳同翱翔，食以玄圃之金粟，飲以瑤池之瓊漿。顧依托之得所，何遭逢之非常，繄聖王之宵旰，正圖治之未遑，法勤勵於湯禹，做至德於虞唐，念司農之作勞，冀警旦而弗忘。敢耽戲於遠物，有一息之怠荒，惟雨暘之順序，洎民物之阜昌。暢至仁於六合，躋四海於壽康，斯宸衷之眷切，而聖心之所望。臣目覩於盛美，愧陳詞之弗臧，頌聖壽於萬年，同地久而天長（殊域周咨錄卷九忽魯謨斯）。

戶部主事夏原吉聖德瑞應詩云：

　聖主膺乾運，垂衣馭八區，道隆堯舜比，功茂禹湯俱。蕩蕩三邊肅，熙熙兆姓娛，普天歌至治，率土發靈儲。爰有諸番國，能忘萬里途，隨槎超瀚漫，獻瑞効勤劬。渺渺來中夏，惓惓覲帝居，麒麟呈玉陛，獅子貢金鋪，紫象靈山種，驊騮渥水駒。駝雞同鸑鷟，文豹擬騶虞，福祿身紆錦，靈羊尾載車。霜姿猨更異，長角獸尤殊，綵檻奇音鳥，雕籠雪色烏。玄龜三尾曳，山鳳五花敷，日上龍墀麗，風回貝闕迂。禮官躬典設，番使肅奔趨，仙掌開丹扆，祥煙散紫衢。重瞳欣一顧，百辟震三呼，茲豈尋常致，端由聖化孚。既將昭常德，尤足壯神都，炎漢何能擬，姬周莫並驅。拜瞻嗟慶幸，稱贊愧荒疏，惟願皇風洽，仍祈化日舒。鴻圖千載固，聖壽萬年餘。（明詩紀事乙籤卷八王直詩注）

又修撰王直「西南夷以麒麟獅子諸物來貢有旨賜觀退而賦此以進」詩云：

　聖皇端拱如堯羲，深仁大德均華夷，昆蟲草木各生遂，四方萬國皆恬嬉。西南夷在荒服外，自昔窮處天一涯，只今感德爭貢獻，梯山航海來京師。麒麟當前旅庭實，天朝上瑞安敢私，麟身牛尾𩥇類馬，有角不觝稱仁慈。回翔中庭鳴應律，從以頷頷黃金獅，雄姿猛氣乃柔狀，蒙茸頷下舒髯耏。紅纓錦襻巧瑩絡，左顧右盼鮮飈吹，龐然福祿從古稀，進退馴擾不受羈。黑章白質相間錯，晴日正照光陸離，神羊巨尾凝玉脂，彩輪輿曳參追隨。馬哈毛質亦甚奇，兩角觩曲垂半規，矯矯獼猴霜雪資，下視赤豹憎黃羆。祥鳥皓彩奪人目，振翮還欲搏朝曦，駝雞七尺好羽儀，飲不羨山梁雌。元裳縞袂貌閒暇，驚曉曾上蟠桃枝，紛紜前後若有喜，共逐麟趾登丹墀。天門大開玉色怡，慶雲燁燁垂九芝，千官趨朝儼在列，鳴環曳珮紛逶迤。懽呼拜舞頌明主，若此嘉會天所爲，周南想像託賦詠，豈若親見當盛時。皇圖聖壽同天地，彌憶萬歲長如斯，小臣作歌愧荒陋，黽勉上繼唐虞詩（明詩紀事乙籤卷八王直詩）。

第七節　第六次出使之大事（附舊港之役）

第六次出使時間，爲永樂十九年春，至永樂二十年秋。據明史鄭和傳云：「永樂十九年春復往，明年八月還」（明史卷三百四官者傳）。明成祖實錄云：「永樂十九年正月癸巳，忽魯謨斯等十六國使臣還國，賜鈔幣表裏，遣太監鄭和等齎勅及錦綺紗羅綾絹等物，賜諸國王。就與使臣偕行。二十年八月壬寅，中官鄭和等使諸番國還，暹羅、蘇門答剌、哈丹（卽阿丹）等國悉遣使隨和貢方物。」（明成祖實錄）　實錄所云十六國，係指忽魯謨斯、阿丹、祖法兒，剌撒，不剌哇、木骨都束、古里、柯枝、加異勒、錫蘭山，溜山、喃渤利、蘇門答剌、阿魯、滿剌加、甘巴里等國，爲鄭和此次出使之範圍。其隨從人員，有楊慶、洪保、李興、周滿、楊敏、李愷等。其隨從官軍寶船，無數可稽。在此時期中，除例行賞賜外，其值得記載之大事，有下列各端：

（一）阿丹國珍寶之採辦　瀛涯勝覽阿丹條云：「永樂十九年，領命正使太監李（校注：以下原闕一字，黃錄同，吳本作某，疑是太監李興）等齎詔勅衣冠賜其王酋到蘇門答剌國，分䑸內官周（校注：其下原闕一字黃錄亦同）。領駕寶船數隻到彼，王聞其至，卽率大小頭目至海濱迎接，詔勅賞賜。至王府行禮，甚恭謹感伏。開讀畢，國王卽諭其國人，但有珍寶，許令賣易。在彼買得重二錢許大塊猫睛石，各色雅姑等異寶，大顆珍珠，珊瑚樹高二尺者數株。又買得珊瑚枝五櫃，金珀薔薇露、麒麟、獅子、花福鹿、金錢豹、駝鷄、白鳩之類而還。」（瀛涯勝覽校注阿丹國）罪惟錄阿丹條云：「永樂九年，詔鄭和賜命互市，常採得猫睛石重二錢許，各色雅姑等寶，大顆珍珠，珊瑚高二尺外，金珀、薔薇露、麒麟、獅子、花福鹿、金錢豹、白鳩等物。十九年，太監李奉勅賜王衣冠，王行禮甚恭，金冠黃袍，寶妝金帶。禮畢，換白番布纏頭，上加金錦之頂，順白袍，坐車列隊而行。」（罪惟錄傳三十六阿丹國）殆誤將一事分二年記錄，當以瀛涯勝覽所載爲是。

（二）楊慶洪保等之分頭出發　此役因遣散十六國使者還國，範圍既廣，責任不一，故多遣內官伴送，且出發日期，亦非一次。鞏珍西洋番國志首載，「永樂十八年十二月初十日，敕太監楊慶往西洋公幹，永樂十九年十月十六日，勅內官鄭和、孔和卜花、唐觀保。今遣內官洪保等送各番國使臣回還，合用賞賜，卽照依坐去（卽過去之意）數目關給予之。」（讀書敏求記西洋番國志條）蓋出使之事以鄭和爲主體，和等既於永樂十九年春出發，第二批則於是年之冬命洪保伴送，此時鄭和雖已西行而政府下敕，仍須提及鄭和也。又清初鈔本針位編殘卷載：「永樂十九年奉聖旨，三寶信官楊敏字佛鼎，洎鄭和李愷等三人往榜葛撻（當作榜葛剌）等番邦，週遊三十六國公幹，至永樂二十三年，經烏龜洋中，忽暴風浪。」（向達藏本）則此役回國日期，亦不一致矣。所謂永樂二十三年即爲仁宗洪熙元年出使人員，尚不知成祖已崩逝也，是年（洪熙元年）二月仁宗命和以下番諸軍，守備南京，而鄭和本人，則於永樂二十年八月還國。永樂二十二年春，復有舊港之役，其還時成祖亦已崩逝矣。

（附）舊港之役　此役爲鄭和單獨行動，不與七次出使之列。明史鄭和傳云：「永樂二十二年正月，舊港酋長施濟孫請襲宣慰使職，和齎印勅往賜之，比還而成祖已晏駕。」（明史卷三百四宦者傳）明成祖實錄云：「永樂二十二年正月甲辰，（二十二日）舊港故宣慰使施進卿之子濟孫遣使丘彥成請襲父職，並言舊印爲火所燬，上命濟孫襲宣慰使，賜紗帽及花金帶金織文綺，襲衣銀印，令中官鄭和賚往給之。」（明成祖實錄卷二百六十七）據此，則施進卿卒後，其子濟孫即襲父職，而令鄭和冊封之。但馬歡謂：「施進卿死，位不傳子，是其女施二姐爲王，一切賞罰黜陟，皆從其制。」（瀛涯勝覽校注舊港國）未知孰是？然實錄所載，似屬不誤。至其回國年歲，當在永樂二十二年七月以後也。

第八節　第七次出使之大事

第七次出使時間，爲宣德六年冬，至宣德八年秋，與王景弘同行。據星槎勝覽云：「宣德六年，隨正使太監鄭和等往諸番，直抵忽魯謨斯等國，開讀賞賜。至宣德八年回京。」（星槎勝覽前集目錄）明史鄭和傳云：「宣德五年六月，帝以踐祚歲久，而諸番國遠者猶未朝貢，於是和王景弘復奉使，歷忽魯謨斯等十七國而還。」（明史卷三百四宦者傳）明宣宗實錄云：「宣德五年六月戊寅，遣太監鄭和等齎詔往諭諸番國，凡所歷忽魯謨斯、錫蘭山、古里、滿剌加、柯枝、卜剌哇（卽不剌哇）、木骨都束，喃渤利，蘇門答剌，剌撒，溜山、阿魯、甘巴里、阿丹、佐法兒（卽祖法兒）、竹步，加異勒二十國及舊港宣慰司，其君長皆賜幣有差。」（明宣宗實錄卷六十七）此役出使，其同行人員，除王景弘外，有李興、朱良、楊眞、洪保、周滿、張達、吳忠、朱眞、王衡、費信、馬歡、鞏珍等。且其事前，早有準備。宣德五年二月己巳平江伯陳瑄言：「南京及直隸衛所運糧官軍，遞年選下西洋及征進交阯，分調北京，通計二萬餘人。又水軍右衛等衛軍官，今年選下西洋者亦多。」（明宣宗實錄卷六十四）同年五月初四日勅南京守備太監楊慶、羅智、唐觀保，大使袁誠云：「今命太監鄭和，往西洋公幹，大小海船，該關領原交南京入庫，各衙門一應正錢糧，並賞賜，幷原下西洋官員買到物件，及隨船合用等物，勅至卽照數放支與鄭和、王景弘、李興、朱良、楊眞，右少監洪保等關領前去應用。」（讀書敏求記西洋番國志）同年六月戊寅遣鄭和等齎詔諭諸番國云：「朕恭膺天命，祇嗣太祖高皇帝，太宗文皇帝，仁宗昭皇帝大統，君臨萬邦，體祖宗之至仁，普輯寧於庶類，以大赦天下，紀元宣德，咸與維新。爾諸番國，遠處海外，未有聞知。茲特遣太監鄭和王景弘等齎詔往諭，其各敬順天道，撫輯人民，共享太平之福。」（明宣宗實錄）同年七月二十六日勅太監鄭和云：「爾以所造龍船，乃差內官高定住進來，果造得平穩輕妙，足見爾忠敬之心，朕甚嘉悅，就賞賜爾物件，付與高定住。將來酬爾美意。仍於南京天財庫支鈔十萬貫，與爾為下番之費其西洋諸番國事，皆付托於爾。惟爾心腹智識，老成舊人，以副朕委任之重，爾宜慎之。」（鄭和家譜）

此役隨行人數，寶船名稱，及經過里程，俱見祝允明之前聞記一書。據前聞記所載，其人數有官校、旗軍、火長、舵工、班碇手通事、辦事、書算手、醫士、鐵錨、木艌、搭林等匠水手民梢等，共二萬七千五百五十員名。其船號有清和，惠康、長寧、安濟、清遠之類，又有數序一二等號。其船名有大八櫓，二八櫓之類。」其里程為「宣德五年閏十二月六日龍灣開舡，十日到徐山打圍（打獵），二十日出附子門，二十一日到劉家港。六年二月二十六日到長樂港，十一月十二日到福斗山，十二月九日出五虎門（行十六日），二十四日到占城。七年正月十一日開舡（行二十五日），二月六日到爪哇（斯魯馬益），六月十六日開舡（行十五日），二十七日到舊港，七月一日開舡（行七日），八日到滿剌加，八月八日開舡（行十日），十八日到蘇門答剌，十月十日開舡（行三十六日）（案星槎勝覽云：十月二十三日泊翠藍嶼）。十一月六日到錫蘭山（別羅里），十日開舡（行九日），十八日到古里國，二十二開舡（行三十五日），十二月二十六日到忽魯謨斯（原作魯乙忽謨斯）。八年二月十八日開舡回洋（行二十三日），三月十一日到古里，二十日大䑸船回洋（行十七日），四月六日到蘇門答剌，十二日開船（行九日），二十日到滿剌加，五月十日回到崑崙洋，二十三日到赤坎，二十六日到占城，六月一日開舡(行二日)，三日到外羅山，九日見南澳山，十日晚望見望郎回山，六月十四日到崎頭洋，十五日到碗碟嶼，二十日到大小赤，二十一日進太倉(後程不錄)。七月六日到京，十一日關賜獎衣寶鈔(前聞記下西洋條)。此役往返時間，經過地方，較歷次爲詳確。自宣德五年十二月六日由南京啓行，至宣德八年七月六日回京(西元一四三一年一月十九日至一四三三年七月二十二日)。在此時期中，除例行賞賜外，其值得記載之大事，有下列各端：

(一)太倉劉家港天妃宮石刻通番事蹟碑之刊立　自洪熙元年停止下洋以來，至宣德五年再奉命，中間已踰五六載。當是時鄭和蟄伏南京，一切規程，悉已廢弛，再奉使命，有重行整理之必要。是行鄭和等於宣德五年閏十二月六日從南京龍灣開船，十日到徐山(在太倉)打圍，二十日出附子門(太倉西北)，二十一日到劉家港，駐留一月，修建天妃宮。(在劉家港北漕口)天后志云：「宣德六年，欽差正使太監鄭和領興平之衞指揮，千戶百戶並府縣官員，買辦木石，修整廟宇，並御祭一壇。」又由鄭和撰劉家港天妃宮石刻通番事蹟碑，以紀其事。此碑刊在太倉天妃宮內，經錢穀搜入吳都文粹續集內，名曰婁東劉家港天妃宮石刻通番事蹟記。其文曰：

明宣德六年，歲次辛亥，春朔，正使太監鄭和，王景弘，副使太監朱良、周滿、洪保、楊眞，左少監張達等立。其辭曰：

勅封護國庇民妙靈昭應弘仁普濟天妃之神，威靈布於鉅海，功德著於太常，尙矣。和等自永樂初奉使諸番，今經七次：每統領官兵數萬人，海船百餘艘，自太倉開洋，由占城國，暹羅國、爪哇國、柯枝國、古里國、抵於西域忽魯謨斯等三千（當作三十）餘國，涉滄溟十萬餘里。觀夫鯨波接天，浩浩無涯，或烟霧之溟濛，或風浪之崔嵬。海洋之狀，變態無時，而我之雲帆高張，晝夜星馳，非仗神功，曷能康濟？直有險阻，一稱神號，感應如響，即有神燈燭於帆檣，靈光一臨，則變險爲夷，舟師恬然，咸保無虞，此神功之大概也。及臨外邦，其蠻王之梗化不恭者，生擒之，寇兵之肆暴掠者，殄滅之，海道由而清寧，番人賴之以安業，皆神之助也。

神之功績，昔嘗奏請於朝廷，宮於南京龍江之上，永傳祀事，欽承御製記文，以彰靈貺，褒美至矣。然神之靈，無往不在，若劉家港之行宮，創造有年，每至於斯，即爲葺理。宣德五年冬，復奉使諸番國，艤舟祠下，官軍人等，瞻禮勤誠，祀享絡繹，神之殿堂，益加修飾，弘勝舊規復重建岨山小姐之神祠於宮之後，殿堂神像，粲然一新，官校軍民，咸樂趨事，自有不容已者。非。神之功德感於人心而致乎？是用勒文於石，并記諸番往回之歲月，昭示永久焉。

永樂三年，統領舟師往古里等國，時海寇陳祖義等聚衆於三佛齊國，抄掠番商，生擒厥魁，至五年回還。

永樂五年，統領舟師往爪哇、古里、柯枝、暹羅等國，其國王各以方物珍禽獸貢獻，至七年回還。

永樂七年，統領舟師往前各國，道經錫蘭山國，其王亞烈若（當作苦）奈兒負固不恭，謀害舟師，賴神靈顯應知覺，遂擒其王，至九年歸獻。尋蒙恩宥，俾復歸國。

永樂十二年，統領舟師往忽嚕謨斯等國，其蘇門答剌國僞王蘇幹剌寇侵本國，其王遣使赴闕陳訴請救，就率官兵勦捕，神功默助，遂生擒僞王　，至十三年歸獻。是年滿剌加國王親率妻子朝貢。

永樂十五年，統領舟師往西域，其忽嚕謨斯國進獅子、金錢豹、西馬，阿丹國進麒麟，番名祖剌法，并長角馬哈獸，木骨都束國進花福鹿并獅子，卜剌哇國進千里駱駝并駝雞，爪哇國古里國進縻里羔獸，各進方物，皆古所未聞者。及遣王男王弟捧金葉表文朝貢。

永樂十九年，統領舟師遣忽嚕謨斯等各國使臣久侍京師者，悉還本國，其各國王貢獻方物，視前益加。

宣德五年，仍往諸番開詔，舟師泊於祠下。思昔數次皆仗神明護助之功，於是勒文於石。（明錢穀吳都文粹續集卷二十八道觀）

（二）長樂南山寺天妃之神靈應碑之刊立　本碑原在福建長樂南山寺，故又名南山寺碑。碑額篆「天妃靈應之記」。民國二十年，知事吳鼎芬於舊堵中刨出，移置於長樂縣公署。二十四年專員王伯秋先生駐節長樂，余自福州至長樂訪之，由王先生拓印數百紙，分贈友好。其文曰：

皇明混一海宇，超三代而軼漢唐，際天極地，罔不臣妾。其西域之西，迤北之國，固遠矣，而程途可計，若海外諸番，實爲遐壤，皆捧琛執贄，重譯來朝。皇上嘉其忠誠，命和等統率官校旗軍數萬人，乘巨舶百餘艘，齎幣往賚之，所以宣德化而柔遠人也。自永樂三年奉使西洋，迨今七次，所歷番國，由占城國、爪哇國、三佛齊國、暹羅國、直踰南天竺、錫蘭山國、古里國、柯枝國，抵於西域忽魯謨斯國、阿丹國、木骨都束國，大小凡三十餘國，涉滄溟十萬餘里。

觀夫海洋，洪濤接天，巨浪如山，視諸夷域，隔於烟霧縹緲之間。而我之雲帆高張，晝夜星馳，涉彼狂瀾，若履通衢者，誠荷朝廷威福之致，尤賴天妃之神護祐之德也。神之靈固嘗著於昔時，而盛顯於當代，溟渤之間，或遇風濤，既有神燈燭於帆檣，靈光一臨，則變險為夷，雖在顛連，亦保無虞。及臨外邦，番王之不恭者生擒之，蠻寇之侵略者勦滅之，由是海道清甯，番人仰賴者，皆神之賜也。

神之感應，未易殫舉，昔嘗奏請於朝，紀德太常，建宮於南京龍江之上，永垂祀典，欽蒙御製記文，以彰靈貺，褒美至矣。然神之靈，無往不在，若長樂南山之行宮，余由舟師屢駐於斯，伺風開洋，乃於永樂十年奏建，以為官軍祈報之所，既嚴且整。右有南山塔寺，歷歲久深，荒涼頹圮，每就修葺，數載之間，殿堂禪室，弘勝舊觀。今年春，仍往諸番，蟻舟茲港（按蟻當作艤），復修佛宇神宮，益加華美。而又發心施財，鼎建三清寶殿一所於宮之左，彫妝聖像，粲然一新，鐘鼓供儀，靡不具備。僉謂如是，庶足以盡恭事天地神明之心。衆願如斯，咸樂趨事，殿廡宏麗，不日成之，畫棟連雲，如翬如翼。且有青松翠竹，掩映左右，神安人悅，誠勝境也。斯土斯民，豈不咸臻福利哉？人能竭忠以事君，則事無不力，盡誠以事神，則禱無不應。和等上荷聖君寵命之隆，下致遠夷敬信之厚，統舟師之衆，掌錢帛之多，夙夜拳拳，唯恐弗逮，敢不竭忠於國事，盡誠於神明乎！師旅之安甯，往迴之康濟者，烏可不知所自乎？是用著神之德於石，併記諸番往迴之歲月，以貽永久焉。

一、永樂三年，統領舟師，至古里等國。時海寇陳祖義聚衆三佛齊國，刧掠番商，亦來犯我舟師，卽有神兵陰助，一鼓而殄滅之，至五年迴。

一、永樂五年，統領舟師，往爪哇、古里、柯枝、暹羅等國，番王各以珍寶珍禽異獸貢獻，至七年迴還。

一、永樂七年，統領舟師往前各國，道經錫蘭山國，其王亞烈苦奈兒負固不恭，謀害舟師，賴神顯應知覺，遂生擒其王，至九年歸獻。尋蒙恩宥，俾歸本國。

一、永樂十一年，統領舟師往忽魯謨斯等國，其蘇門答剌國有僞王蘇幹剌，寇侵本國，其王宰奴里阿比丁遣使赴闕陳訴，就率官兵勦捕。賴神默助，生擒僞王，至十三年迴獻。是年滿剌加國王親率妻子朝貢。

一、永樂十五年，統領舟師往西域，其忽魯謨斯國進獅子、金錢豹，大西馬，阿丹國進麒麟，番名祖剌法，幷長角馬哈獸，木骨都束國進花福鹿幷獅子，卜剌哇國進千里駱駝，幷駝鷄，爪哇古里國進縻黑羔獸。若乃藏山隱海之靈物，沉沙棲陸之偉寶，莫不爭先呈獻，或遣王男，或遣王叔王弟，齎捧金葉表文朝貢。

一、永樂十九年，統領舟師遣忽魯謨斯等國使臣久侍京師者悉還本國，其各國王益修職貢，視前有加。

一、宣德六年，仍統舟師往諸番國，開讀賞賜，駐船茲港，等候朔風開洋。思昔數次皆仗神明助祐之功如是，勒記於石。

宣德六年歲次辛亥仲冬吉日正使太監鄭和、王景弘，副太監李興、朱良、周滿、洪保、楊眞、張達、吳忠，都指揮朱眞、王衡等立。正一住持楊一初稽首請立石。

(三)對暹羅國王之勅諭　明宣宗實錄云：「宣德六年二月壬寅，滿剌加國頭目巫寶納等至京，言國王欲躬來朝貢，但爲暹羅國王所阻。暹羅素欲侵害本國，本國欲奏，無能書者。今王令臣三人潛附蘇門答剌舟來京，乞朝廷遣人諭暹羅王無肆欺陵，不勝感恩之至。上命行在禮部賜齎巫里赤納等，遣附太監鄭和舟還國，令和齎勅諭暹羅國王。」(明宣宗實錄卷七十六)

(四)翠藍嶼之停泊　星槎勝覽翠藍嶼條云：「其山大小有七門，中可行船。米穀亦無，惟在海網捕魚蝦及蕉椰子之爲食啖也。然聞此語，未可深信。然其往來，未得泊其山下。宣德七年壬子十月二十三日，風雨水不順，偶至此山泊繫，三日夜，山中之人駕獨木舟來貨椰實，舟中男婦果如前言，始知不謬矣。」(星槎勝覽前集翠藍嶼)

(五)天方國珍異之採辦　西洋朝貢典錄天方條云：「宣德中，使鄭和至西洋，遣通使七人賚麝香磁器緞疋同本國船至國，一年往回，易得各色奇異寶石幷麒麟、獅子、駝雞等物，幷畫天堂圖一冊回京。其天方國王亦遣其臣沙瓛等將方物隨七人來朝貢。」(西洋朝貢典錄卷下天方國)瀛涯勝覽天方條云：「宣德五年，欽蒙聖朝差正使太監內官鄭和等往各番國開讀賞賜，分䑸到古里國時，內官太監洪見本國差人往彼，就選差通事等七人齎帶麝香磁器等物，附本國船隻到彼，往回一年。買到各色奇貨、異寶、麒麟、獅子、駝雞等物，并畫天堂圖眞本回京。其默伽國王，亦差使臣將方物跟同原去七人獻齎於朝廷。」（瀛涯勝覽校注天方國）

第六章　諸國朝貢之事略

第一節　番王朝貢之事略

蕃王入朝，其迎勞宴饗之禮，惟唐制為詳，明制尤備。洪武二年（西元一三六九年）定制；凡蕃王至龍江驛（在南京城外），遣侍儀通贊二人接伴。館人（會同館）陳蕃王座於廳西北，東向。應天府知府出迎，設座於廳東南，西向，以賓主接見。宴畢，知府還，蕃王送於門外。明日，接伴官送蕃王入會同館（如今外交賓館），禮部尚書（兼理外交事）即館宴勞。尚書至，蕃王服其國服相見，宴饗迎送，俱如龍江驛。酒行用樂。明日，中書省奏聞，命官一員詣館，如前宴勞，侍儀司以蕃王及從官具服于天界寺，習儀三日，擇日朝見。設蕃王及從官次於午門外，蕃王拜位於丹墀中道，稍西，從官在其後。設方物案於丹墀中道東西，知班二位於蕃王拜位北，引蕃王舍人二位於蕃王從官北。鼓三嚴，百官入侍，執事舉方物案，蕃王隨案由西門入，至殿前丹墀西俟立。皇帝服通天絳紗袍，御殿。番王及從官各就拜位，以方物案置拜位前，贊四拜訖，引班導蕃王升殿，宣方物官以方物狀由西陛升，入殿西門內。贊引至御前贊拜，番王再拜跪，稱賀致詞。宣方物官宣狀，承制官宣制訖，蕃王俯伏興，再拜，出殿西門，復位。贊拜，蕃王及其從官皆四拜。禮畢，皇帝與蕃王以下出，樂作樂止皆如常。見皇太子於東宮正殿，設拜位於殿外。皇太子皮弁服升座，蕃王再拜，皇太子立受。蕃王跪，稱賀致詞訖，復位。再拜，皇太子答拜。蕃王出，其從官行四拜禮。見親王，東西相向，再拜，王答拜，俱就座，王座稍北。禮畢，揖而出。見丞相、三公、大都督、御史大夫皆鈞禮。蕃王陛辭，如朝見儀，不傳制，中書省率禮部官送至龍江驛，宴如初。

洪武二十七年（西元一三九四年）四月，以舊儀煩瑣，命更定之。凡蕃國來朝，先遣禮部官勞於會同館。明日，各具其國服，如嘗賜朝服者，則服朝服，於奉天殿朝見。行八拜禮畢，即詣文華殿朝皇太子，行四拜禮。見親王亦如之。王立受答後，二拜。從官隨蕃王後行禮。凡遇宴會，蕃王居侯伯之下。凡錫宴，陳御座於謹身殿，設皇太子座於御座東，諸王座於皇太子下，西向。設蕃王座於殿西第一行，東向。設文武官座於第二第三行，東西向。酒九行，上食五次，大樂細樂間作，呈舞隊。蕃國從官座於西廡下，酒數食，品同，不作樂。東宮宴蕃王殿上，正中設皇太子座，設諸王座於旁，東西向。蕃王座於西偏，諸王之下，東向三師賓客諭德位於殿上第二行，東西向。蕃王從官及東宮官位於西廡，東向，北上。和聲郎陳樂，光祿寺設酒饌，俱如謹身殿儀。或宰相請旨宴則設席於中書省後堂，賓西主東，設蕃王從官及左右司官座於左。司敎坊司陳樂於堂及左司南楹。勞蕃王至省門外，省官迎入，從官各從其後，升階就坐。酒七行，食五品，作樂雜陳諸戲。宴畢，省官送至門外。都督府御史臺宴如之（明史卷五十六禮志十）。

明初海外諸國番王因鄭和出使而來朝貢者，其數凡四：一曰浡泥國，二曰滿剌加國，三曰蘇祿國，四曰古麻剌朗國（附馮嘉施蘭）。茲分述如次：

（一）浡泥國王之朝貢　一曰大泥又作渤泥。宋太宗時始通中國。先是洪武三年（西元一三七〇年）八月，命御史張敬之，福建行省都事沈秩往使浡泥，自泉州航海，閱半年抵闍婆，又踰月至其國。王馬合謨沙遣使從敬之等入朝，表用金箋用銀，字近回鶻，皆鏤之以進。帝喜，宴賚甚厚。永樂三年（西元一四〇五年）冬，其王麻那惹加那遣使入貢，乃遣官封爲國王，賜印誥敕符勘合，錦綺綵幣，王大悅，率妃及弟妹姊女陪臣泛海來朝。次福建，守臣以聞。遣中官往宴賚，所過州縣，皆宴。六年（西元一四〇八年）八月入都朝見，帝獎勞之。王跪致詞曰：

陛下膺天寶命，統一萬方，臣遠在海島，荷蒙天恩，賜以封爵，自是國中雨暘時順，歲屢豐登，民無災厲，山川之間，珍奇畢露，草木鳥獸，亦悉蕃育。國中耆老，咸謂此聖天子覆冒所致。臣願睹天日之表，少輸悃誠，不憚險遠，躬率家屬陪臣，詣闕獻謝。

帝慰勞再三，命王妃所進中宮箋及方物陳之文華殿，王詣殿進獻畢，自王及妃以下，悉賜冠帶衣。帝乃饗王於奉天門，妃以下饗於他所。禮訖，送歸會同館。禮官請王見親王儀，帝令準公侯禮。尋賜王儀仗，交椅、銀器、傘扇、銷金、鞍馬、金織、文綺、紗羅、綾絹衣十襲，餘賜賚有差。十月，王卒於館。帝哀悼輟朝三日，遣官致祭，賻以繒帛。東宮親王皆遣祭，有司具棺槨明器，葬之德安門外石子岡，樹碑神道（明史卷三百二十五浡泥傳）。其文曰（胡廣浡泥恭順王墓碑）：

永樂六年秋八月乙未，浡泥國王麻那惹加那乃來朝，率其妻子弟妹親戚陪臣凡百五十餘人，至闕下上表貢方物，上御奉天殿受其獻。退，即奉天門召與語；衆通其言曰：「僻壤臣妾，誕被聖化，思覩清光，靡知忌畏，輒敢塵瀆」。又曰：「天以覆我，地以載我，天子以乂寧我，我長我幼，處有安居，食有和味，衣有宜服，利用備器，以資其生，强不敢凌弱，衆不敢欺寡，非天子孰使之然也。天子功德，暨于我者，同乎天地。然天地仰而見，蹈而履，惟天子邈而難見。是故誠有所不通，僻陋臣妾，不憚險遠，浮詣闕下，以達其誠。」上曰：「嘻，惟天惟皇考付予以天下，子養民。天與皇考，視民同仁，予其承天與皇考付畀之重，惟恐弗堪，弗若汝言。」則又頓首曰：「自天子改元之初載，臣國屢豐和，山川之蘊珍寶者，靁然而呈，草木之不華者，蘴然而實，異禽蹌鳴而走獸率舞也。臣國之老曰：中國聖人德教，流溢于玆。臣土雖遠京師，然爲天子氓，故矜奮而來覲。」上嘉其誠，優待禮隆，錫予甚厚。初賜宴於華蓋殿，既連宴於奉天門。每宴，則命公夫人宴其妻內館。罷宴，勑大官厚具獻食，日命大臣一人，待于所舍中。貴人專接伴，盛其班張，豐其廩餼，入朝班次上公，寵渥至矣。

踰月，王忽感疾，上命醫賜善藥調治，遣中貴人勞問，旦暮相繼。日命大臣視王疾，差劇聞小瘳，喜見顏色。王疾篤，語其妻以下曰：「我疾貽天子憂念，脫有大故，命也。我僻處荒徼，幸入朝，覩天子聲光，即死無憾。死又體魄托葬中華，不爲夷鬼。所憾者受天子深恩，生不能報，死誠有負。」指其子曰：「我即不起，其以兒入拜謝天子，誓世世毋忘天子恩。若等克如我志，瞑目無憾矣。」十月乙亥朔，王卒，得年二十有八。上甚悼之，輟正朝三日，勑有司治喪，具厚卹典，賜謚曰恭順。遣使諭祭，又遣使撫慰其妻子。王之妻拜使者曰：「乃下臣祚薄，弗克負荷天子深恩，不能終事，且歿有遺命，以世世毋忘天子恩，克守其言，則死猶不死矣。」王之妻之言，亦可謂賢也已。是月庚寅，以禮葬于安德門外之石子岡，勅為文誌其壙。王父囘麻那惹沙那旺沙，母曰刺失八的，妻曰他係邪。子一人曰遐旺，甫四歲，女二人。以遐旺襲王爵，賜以冠服、玉帶、儀仗、鞍馬、服物、器皿、及金銀錦綺、錢幣甚厚。賜王妻以命服、珠冠、白金、錦綺、錢幣諸物。其餘賜各有差。官王之弟施里那那惹，施里微喏那沙那，那萬喏邪三人，俾輔遐旺，詔有司立祠于王墓，從守墳者三戶，勅建碑祠下，命臣廣製刻文。

臣廣仰惟皇上綏寧宇內，茂揚天德，溥博周徧，凡日月照臨之地，皆心悅誠歸，惟恐或後，奉琛秉贄之國，綴集于庭，歲以萬數。浡泥王去中國累數萬里，一旦舉妻孥弟妹親戚陪臣浮鉅海來朝，不以為難，叩陛陳辭，忠誠溢發，其心堅確，有如金石。至其臨終之言，尤惓惓屬其下不忘天子恩，聖德漸漬，感動於人心，其深如此，於乎盛哉。惟王賢達聰明忠順之節，始終一致，宜其身被寵榮，澤延後嗣。用紀其實，聲為銘詩，昭示無極，以彰王之所以受恩深厚者，由其誠也。銘曰：

大明御天，臣妾萬方，孰不來享，孰不來王。猗歟浡泥，邈處炎徼，感化來歸，風騰雲趨。曰婦曰子，弟妹陪臣，秩秩稽顙，趨抃跬跬。跽曰天子，作我父母，我生我樂，天子之祐。戴天履地，疇比懞㤺，翹首大明，遹來獻誠。天子曰吁，予統宇內，綏爾于寧，惟德罔逮。王拜稽首，萬歲歡呼，服德懷仁，春育海濡。國有山川，匿其寶物，靈發其藏，不愛而出。荏苒草木，惟葉蓁蓁，煌煌者華，有實有蕡。異禽和音，鳴拂其羽，走獸麌麌，亦嗆以舞。國黃耆曰，聖化所漸，臣國雖遐，臣心仰瞻。天子嘉悅，待以異禮，宴勞錫賚，有厚而旨。云胡朞月，疾忽及之，奄然而喪，復悼而悲。臨終之言，謂其遴瘖，死有弗忘，天子深恩。於乎貢王，卓特超逸，西南諸番，靡堪王匹。生者誠款，歿有謚銘，爵于王靈，世世其承。有墳如堂，有祠翼翼，以妥王靈，其永無斁。王雖不歸，王聞孔彰，天子恩隆，萬世有光。（皇明文衡卷八十一）

又建祠墓側，有司春秋祀以少牢，謚曰恭順，賜刺慰其子遐旺，命襲封國王。遐旺與其叔父上言：「臣國歲貢瓜哇片腦四十斤，乞敕爪哇罷歲貢，歲進天朝，臣今歸國，乞命護送，就留鎮一年慰國人之望，幷乞定朝貢期，及傔從人數」。帝悉從之。命三年一貢，傔從惟王所遺，遂敕爪哇國免其歲貢。王辭歸，賜玉帶一，金百兩，銀三千兩，及錢鈔、錦綺、紗羅、衾褥、帳幔、器物，餘皆有賜。以中官張謙，行人周航護行。初故王言臣蒙恩賜爵，臣境土悉屬職方，乞封國之後山爲一方鎭，新王復以爲言，乃封爲長寧鎭國之山，御製碑文，令謙等勒碑其上。其文曰：

上天佑啓我國家萬世無疆之基，誕命我太祖高皇帝，全撫天下，休養生息，以治以教，仁聲義問薄極照臨，四方萬國，奔走臣服，充湊於廷，神化感動之機，其妙如此。朕嗣守鴻圖，率由典式，嚴恭祗畏，協和所統，無間內外，均視一體。遐邇綏寧，亦克承予意。

乃者浡泥國王誠敬之至，知所尊崇，慕尚聲教，益謹益虔，率其眷屬陪臣不遠數萬里，浮海來朝，達其志，通其欲，稽顙陳辭曰：「遠方臣妾，丕冒天子之恩，以養以息，既庶且安，思見日月之光，故不憚險遠，輒敢造廷。」又曰：「覆我者天，載我者地，使我有土地人民之奉，田疇邑井之聚，宮室之居，妻妾之樂，和味宜服，利用備器，以資其生，强罔敢侵，衆罔敢暴，實惟天子之賜。是天子功德所加，與天地並。然天仰則見，地蹐則履，惟天子遠而難見，誠有所不通，是以遠方臣妾，不敢自外，踰歷山海，躬詣闕廷，以伸其悃。」朕曰：「惟天皇考付予以天下，子養庶民，天與皇考，視民同仁，予其承天與皇考之德，惟恐弗堪，弗若汝言。」乃又拜手稽首曰：「自天子建元之載，臣國時和歲豐，山川之藏，珍寶流溢，草木之無葩蘤者，皆華而實，異禽和鳴，走獸蹌舞，國之黃叟，咸曰中國聖人，德化漸曁，斯多嘉應，臣土雖遠，實天子之氓，故奮然而來覲也。」

朕觀其言文貌恭，動不踰則，悅喜禮教，脫略夷習，非超然卓異者不能。稽之載籍，自古遐遠之國，奉若天道，仰服聲教，身致帝廷者有之，至於舉妻子兄弟親戚陪臣頓首稱臣妾於階陛之下者，惟浡泥國王一人，西南諸番國長，未有如王賢者。王之至誠，貫於金石，達於神明，而令名傳於悠久，可謂有光顯矣。茲特錫封王國中之山爲長寧鎭國之山，賜文刻石，以著王休，於昭萬年，其永無斁。系之詩曰：

炎海之墟，浡泥所處，煦仁漸義，有順無迕。慺慺賢王，惟化之慕，導以象胥，遹來奔赴。同其婦子，兄弟陪臣，稽顙闕下，有言以陳。謂君猶天，遺以休樂，一視同仁，匪偏厚薄。顧茲鮮德，弗稱所云，浪舶風檣，實勞懇勤。稽古遠臣，順來怒趨，以躬或難，矧曰家室。王心亶誠，金石其堅，西南番長，疇與王賢。矗矗高山，以鎮王國，鑱文於石，懋昭王德。王德克昭，王國攸寧，於萬斯年，仰我大明（明史卷三百二十五浡泥傳）。

八年（西元一四一〇年）九月，遣使從謙等入貢祿恩。明年，復令謙賜其王錦綺紗羅綵絹，凡百二十四，其下皆有賜。十年（西元一四一二年）九月，遐旺偕其母來朝，命禮官宴之會同館。光祿寺旦暮給酒饌。明日，帝饗之奉天門，王母亦有宴。越二日，再宴，賜王冠帶襲衣，王母王叔父以下，分賜有差。明年二月辭歸，賜金百兩，銀五百兩，鈔三千錠，錢千五百緡，錦四，綺帛紗羅八十，金織文繡文衣各一，衾褥幃幔器物咸具。自十三年（西元一四一五年）至洪熙元年（西元一四二五年），四入貢，後貢使漸稀（明史卷三百二十五浡泥傳）。

(二)滿剌加國王之朝貢　或云那古頓遜唐的哥羅富沙。先是永樂元年（西元一四〇三年）十月，遣中官尹慶使其地，賜以織金、文綺、銷金、帳幔諸物。其地無王，亦不稱國，服屬暹羅，歲輸金四十兩爲賦。慶至，宣示威德，及招徠之意，其酋拜里迷蘇剌大喜，遣使隨慶入朝，貢方物。三年（西元一四〇五年）九月，至京師，帝嘉之，封爲滿剌加國王，賜誥印綵幣，襲衣黃蓋，復命慶往。其使者言王慕義，願同中國列郡，歲効職貢，請封其山爲一國之鎮。帝從之，製碑文勒山上，末綴以詩曰：

西南巨（野獲編作鉅）海中國通，輸天灌地億載同，洗（野獲編作沐）日浴月光景融，雨崖露石（野獲編作日）草木濃。金花寶鈿生青紅，有國於此（野獲編作茲）民俗雍，王好善義思朝宗，願比內郡依華風。出入尊從張蓋重，儀文裼襲禮虔恭，大書貞石表爾忠，爾國西山永鎮封。山居（野獲編作君）海伯翕扈從，皇考陟降在彼穹，後天監視久彌（野獲編作益）隆，爾衆子孫萬福崇。（明史卷三百二十五滿刺加傳）

帝以蹇義善書，手授金龍文箋，命書其詔，偶落一字，義奏曰：「敬畏之極，輒復有此。」帝曰：「朕亦有之，此紙難得，姑註其旁可也。」義曰：「示信遠人，豈以是惜。」帝深然之，復授以箋更書之（殊域周咨錄滿刺加）。慶等再至，其王益喜，禮待有加。五年（西元一四〇七年）九月，遣使入貢。明年，鄭和使其國，旋入貢。九年（西元一四一一年），其王率妻子陪臣五百四十餘人來朝，抵近郊，命中官海壽，禮部郎中黃裳等宴勞，有司供張會同館，入朝奉天殿，帝親宴之，妃以下宴他所。光祿日致牲牢上尊，賜王金繡龍衣二襲，麒麟衣一襲，金銀器帷幔衾裯悉具，妃以下皆有賜。將歸，賜王玉帶儀仗鞍馬，賜妃冠服。瀕行，賜宴奉天門（明史卷三百二十五滿刺加傳）。並賜敕勞王曰：

王涉海數萬里，至京坦然無虞者，蓋王之忠誠，神明所佑也。朕與王相見甚歡，固當且留，但國人在望，宜往慰之。今天氣尙寒，順風帆去，實爲厥時。王途中善飲食，善調護，副朕眷念之懷。（殊域周咨錄卷八滿刺加）

再賜玉帶、儀仗、鞍馬、黃金百兩、白金五百兩、鈔四十萬貫、錢二千六百貫、錦綺紗羅三百四、帛千四、渾金文綺二、金織通袖膝襴二，妃及子姪陪臣以下宴賜有差。（東西洋考卷四麻六甲條引廣東通志：光祿日給牲牢，賜王金繡龍衣一襲，金銀器皿帷帳裀褥咸具，賜妃八兒迷速里及子姪陪臣文綺紗羅襲衣有差。就館，復賜宴。八月，賜黃金相玉帶、儀仗、鞍馬，并賜王妃冠服。九月，辭歸，賜宴奉天門，別宴王妃陪臣如初。賜敕勞王，副以金相玉帶一、儀仗一副、鞍馬二疋、黃金百兩、白金五百兩、鈔四十萬貫、錢二千六百貫、錦羅六百疋、絹千疋、渾金文綺二、金織通袖膝襴二，妃以下各有差。）禮官餞於龍江驛，復賜宴龍潭驛。十年（西元一四一二年）夏，其姪入謝，及辭歸，命中官甘泉偕往，旋又入貢。十二年（西元一四一四年），王子母幹撒于的兒沙來朝，告其父訃，即命襲封，賜金幣。嗣後或連歲或間歲入貢，以爲常。十七年（西元一四一九年），王率妻子陪臣來朝謝恩，及辭歸，訴暹羅見侵狀，帝爲賜敕諭暹羅，暹羅乃奉詔。二十二年（西元一四二四年），西里麻哈剌以父沒嗣位，率妻子陪臣來朝。宣德六年（西元一四三一年），遣使者來言暹羅謀侵本國，王欲入朝，懼爲所阻，欲奏聞無能書者，令臣三人附蘇門答剌貢舟入訴。帝命附鄭和舟歸國，因令和齎敕諭暹羅，責以輯睦鄰封，毋違朝命。初，三人至無貢物，禮官言例不當賞。帝曰：「遠人越數萬里來愬不平，豈可無賜。」遂賜襲衣綵幣，如貢使例。八年（西元一四三三年），王率妻子陪臣來朝，抵南京，天已寒，命俟春和北上。別遣人齎敕勞賜王及妃。洎入朝，宴賚如禮。及還，有司爲治舟，王復遣其弟貢駝馬方物。時英宗已嗣位（西元一四三六年），而王猶在廣東，賜敕獎王，命守臣送還國，因遣古里眞臘等十一國使臣附載偕還（明史卷三百二十五滿剌加傳）。

（三）蘇祿國王之朝貢　地近浡泥在東南海中。永樂十五年（西元一四一七年），其國東王巴都葛叭哈剌，西王麻哈剌叱葛剌麻丁，峒王妻叭都葛巴剌卜，並率其家屬頭目凡三百四十餘人浮海朝貢，進金鏤表文，獻珍珠寶石玳瑁諸物，禮之若滿剌加。尋並封為國王，賜印誥襲衣冠帶及鞍馬儀仗器物，其從者亦賜帶冠有差。居二十七日，三王辭歸，各賜玉帶一，黃金百兩，白金二千兩，羅錦文綺二百疋，帛三百疋，鈔萬錠，錢二千緡，金繡蟒龍麒麟衣各一。東王次德州，卒於館（明史卷三百二十五蘇祿傳）。賜謚恭定，遣禮部郎中陳士啓祭以文曰：

　惟王聰慧明達，賦性溫厚，敬天之道，誠事知幾。不憚數萬里，率其眷屬及陪臣國人，歷涉海道，忠順之心，可謂至矣。茲特厚加賞賚，錫以恩誥，封以王爵，俾爾身家榮顯，福爾一國之人。近命還國，何其嬰疾，遽焉殞逝，訃音來聞，不勝痛悼。今特賜爾謚曰恭定，仍命爾子承爾王爵，率其眷屬回還。於戲！死生者，人理之常，爾享榮祿於生前，垂福慶於後嗣，身雖死歿，而賢德令名，昭播後世，與天地相為悠久，雖死猶生，復何憾焉。茲用遣人祭牲醴，九泉有知，尚克享之。

命有司營葬，勒碑墓道。其文曰：

　王者之治天下，一視同仁，聲教所被，無思不服。故曰「明王慎德，四夷咸服。」蓋有不待威而從，不假力而致者。昔朕皇考太祖高皇帝誕膺天命，統御萬方，深仁厚德，薰蒸動徹。近者既悅，遠者必來，莫不懽忻鼓舞於日月照臨之下，猗歟盛哉！肆朕續承大統，君主華夷，繼志述事，惟恐弗逮，勞來綏懷，每殫厥心。而戎狄之君，蠻夷之長，越大小庶邦，亦罔不來廷，朕悉以禮接之。

乃者蘇祿國東王巴都噶叭嗒喇邈居海嶠，心慕朝廷，躬率眷屬及其國人，航漲海，泛鯨波，不憚數萬里之遙，執玉帛，捧金表，來朝京師，其慕順之誠，愛戴之意，藹然見於辭表，可謂聰明特達，超出等倫者矣。朕特加褒賞，賜以印章，封以王爵，送至還國。道經德州竟以疾薨，實永樂十五年九月十三日也。訃聞，朕不勝悼痛，遣官諭祭賜諡恭定，仍命有司爲營葬事，以是年十月三日，葬於州城之北。命其子都麻含襲爵，率其屬而還。禮官以襄事告請樹碑，垂示於後。

朕惟天無私覆，地無私載，日月無私照，王者奉三無私以代天出治，君臣之序立，五典之敘備，內外之分明，生人之大慶，實在於斯。故曰普天之下，莫非王土，率土之賓，莫非王臣。今王慕義而來，誠貫金石，不謂嬰疾，遽殞厥身，其忠義不可泯，故用紀其實，以詔後世。於戲！人孰無死，若王光榮被其國家，慶澤流於後人，名聲昭於史冊，永世而不磨，可謂得其所歸矣。使區區居海嶠之間，一旦殞歿，身與名俱滅，豈不惜哉。王雖薨逝，蓋有不隨死而亡者，此誠大丈夫矣。乃錫之銘曰：「覆載之內，庶類實蕃，天生聖神，主宰其間。禮樂教化，達於四夷，包含偏覆，恩布德施。敬恭玉帛，朝於明堂，無有遠近，山梯海航。粤自古昔，與今斯同，蘇祿之君，慕義嚮風。攜其室家，暨其耄倪，汎彼鯨波，萬里而至。拜舞婀娜，列辭攄誠，感恩效順，特達聰明。眷爲賢哲，錫賚是加，金章赤紱，開國成家。秋風載塗，浩然長驅，神遊逍遙，風馬雲車。平原之岡，佳城蒼蒼，永固厥封，千載之藏。顯顯令聞，垂於無極，後之來者，視此貞石。」

留妻妾傔從十人守墓，俟畢三年喪遣歸，知州寧和蘇祿王墳詩曰：花謝紅香颭曲溪，藤枝深護小堂低，春風細草埋翁仲，夜雨空梁落燕泥。萬里海天愁思迴，百年蘇祿夢魂迷，多情惟有芳林鳥，不爲淒涼依舊啼（殊域周咨錄卷九蘇祿）。又遣使齎勅諭其長子都馬含曰：

爾父知尊中國，躬率家屬陪臣，遠涉海道，萬里來朝。朕眷其誠悃，已錫王封，優加賜賚，遣官護歸，舟次德州，遭疾殞歿。朕聞之深爲哀悼，已葬祭如禮。爾以嫡長爲國人所屬，宜即繼承，用綏藩服。今特封爾爲蘇祿國東王，爾尚益篤忠貞，敬承天道，以副眷懷，以繼爾父之志。欽哉。

十八年（西元一四二〇年），西王遣使入貢。十九年（西元一四二一年），東王母遣王叔叭都加蘇里來朝，貢大珠一，其重七兩有奇。二十一年（西元一四二三年），東王妃還國，厚賜遣之。明年入貢，自後不復至（明史卷三百二十五蘇祿傳）。

(四)古麻剌朗國王之朝貢　東南海中小國，永樂十五年（西元一四一七年）九月，遣中官張謙齎敕撫諭其王幹剌義亦奔，賜之絨錦紵絲紗羅。十八年(西元一四二〇年)八月，王率妻子陪臣隨謙來朝，貢方物，禮之如蘇祿國王。王言：「臣愚無知，雖爲國人所推，然未受朝命，幸賜封誥，仍其國號。」從之，乃賜以印誥、冠帶、儀仗、鞍馬、及文綺、金織、襲衣，妃以下並有賜。明年正月辭還，復賜金銀錢，文綺、紗羅、綵帛、金織襲衣，麒麟，妃以下賜有差。王還至福建，遘疾卒，遣禮部主事楊善諭祭，謚曰康靖，有司治墳，葬以王禮。命其子剌苾嗣爲王，率衆歸，賜鈔幣（

明史卷三百二十三古麻剌朗傳)。

(附)馮嘉施蘭　東南洋中小國，永樂四年(西元一四〇六年)八月，其酋嘉馬銀等來朝，貢方物，賜鈔幣有差。六年(西元一四〇八年)四月，其酋玳瑁里欲二人各率其屬朝貢，賜二人鈔各百錠，文綺六表裏，其從者亦有賜。八年(西元一四一〇年)復來貢(明史卷三百二十三馮嘉施蘭傳)。

第二節　番使朝貢之事略

自宋以來，海外諸國，皆遣使入貢，其接見之儀，以明初爲備。洪武二年(西元六九年)定制；凡番國遣使朝貢，至驛，遣應天府同知禮待。明日，至會同館，中書省奏聞，命禮部侍郎於館中禮待如儀。宴畢，習儀三日，擇日朝見。陳設儀仗及進表俱如儀。承制官詣使者前稱有制，使者跪。宣制曰：「皇帝問使者，來時爾國王安否」？使者答畢，俯伏興，再拜，承制官稱有後制。使者跪。宣制曰：「皇帝又問爾使者遠來勤勞」！使者俯伏興再拜。承制官復命訖，使者復四拜，禮畢，皇帝興，樂作止如儀。見東宮四拜，進方物訖，復四拜，謁丞相、大都督、御史大夫再拜獻書，復再拜。見左司郎中等皆鈞禮。其宴番使，禮部奉旨賜宴於會同館，館人設坐次及御酒案，教坊司設樂舞，禮部官陳龍亭於午門外，光祿寺官請旨取御酒置龍亭，儀仗鼓樂前導。至館，番使出迎於門外，執事者捧酒由中道入，置酒於案，奉旨官立於案東，稱有制，使者望闕跪聽。宣畢，贊再拜，奉旨官酌酒授使者，北面跪飲畢，又再拜，各就坐。酒七行，湯五品，作樂陳戲如儀。宴畢，奉旨官出，使者送至門外，皇太子錫宴，則遣宮官禮待之。省府臺亦置酒宴會，酒五行，食五品，作樂不陳戲（明史卷五十六禮志十）。

明初海外諸國，因鄭和出使而遣使來朝貢者，凡三十有四：一曰占城（附呂宋，合貓里、婆羅、琉球），二曰眞臘，三曰暹羅，四曰爪哇（附碟里，日羅夏治），五曰三佛齊（舊港），六曰蘇門答剌，七曰西洋瑣里，八曰瑣里（附覽邦），九曰彭亨，十曰那孤兒，十一曰黎代，十二曰南浡利，十三曰阿魯，十四曰古里，十五曰柯枝，十六曰小葛蘭，十七曰錫蘭山，十八曰榜葛剌，十九曰祖法兒，二十曰木骨都束，二十一曰不剌哇，二十二曰竹步，二十三曰阿丹，二十四曰剌撒，二十五曰麻林，二十六曰忽魯謨斯，二十七曰溜山，二十八曰南巫里，二十九曰加異勒，三十曰甘巴里，三十一曰急蘭丹，三十二曰沙里灣泥（附剌泥，白黑葛達等），三十三曰天方，三十四曰默德那。茲分述如次：

（一）占城之朝貢　占城卽周越裳地，秦爲林邑，漢爲象林縣。後漢區連據其地，始稱林邑王。自晉至隋仍之。唐時或稱占不勞，或稱占婆，迄周宋以占城爲號。自宋元以來，朝貢不替。洪武二年遣官以卽位詔諭其國，因遣使來朝。成祖卽位，詔諭其國。永樂元年（西元一四〇三年），其王占巴的賴奉金葉表朝貢，且告安南侵掠，請降敕戒諭。帝可之。遣行人蔣賓與王樞使其國，賜以絨錦織金文綺紗羅。明年以安南王胡奎奏，詔戢兵，遣官諭占城王，而王遣使奏：「安南不遵詔旨，以舟師來侵，朝貢人回，賜物悉遭奪掠。又畀臣冠服印章，俾爲臣屬，且已據臣沙離牙諸地，更侵掠未已。臣恐不能自存，乞隸版圖，遣官往治。』帝怒，敕責胡查，而賜占城王鈔幣。四年（西元一四〇六年），貢白象方物，復告安南之難。帝大發兵往討，敕占城嚴兵境上，遏其越逸，獲者即送京師。五年（西元一四〇七年），攻取安南所侵地，獲賊黨胡烈、潘麻休等，獻俘闕下。貢方物謝恩，帝嘉其助兵討逆，遣中官王貴通齎敕及銀幣賜之。六年（西元一四〇八年），鄭和使其國，王遣其孫舍楊該貢象及方物謝恩。十年（西元一四一二年），其貢使乞冠帶，予之，復命鄭和使其國。十三年（西元一四一五年），明師方征陳季擴，命占城助兵，尚書陳洽言：「其王陰懷二心，愆期不進，反以金帛戰象資季擴，季擴以黎蒼女遺之，復約季擴舅陳翁挺侵升華府所轄四州十一縣地（案一統志安南升華府轄二州十一縣與此互異），厥罪惟均，宜遣兵致討。」帝以交阯初平，不欲勞師，但賜敕切責，俾還侵地。王即遣使謝罪。十六年（西元一四一八年），遣其孫舍那挫來朝（明史卷二百二十四占城傳）。貢瑞象，翰林學士金幼孜作賦獻上，以表聖應。序曰：

恭惟皇上膺受天命，統紹洪基，仁布寰宇，化周六合。是以扶桑月窟之境，雕題窮髮之地，莫不梯山航海，奔走來貢。蓋自三代以降，未有盛於今日者也。迺永樂十六年秋九月庚戌，占城國以象來進，其狀瑰詭雄壯，玄膚玉潔，文有白章，粲若華星，郁如雲霞，拜跪起伏，馴狎不驚，斯實希世之上瑞，天下太平隆盛之徵。夫百獸之中，其強悍勇猛者，莫逾於象，非若虎豹熊羆之屬可以力制。今占城以象來貢，既有以見其形質之美，而其馴擾狎習，似與仁獸無異，於以見聖德之廣大，被於幽遠，草木鳥獸，咸沐恩光。而其感化之妙，固與鳳凰來儀，百獸率舞者，同一效驗之大矣。臣忝職詞垣，幸際聖明，屢覩嘉祥之盛，不可無紀述以詠歌太平。謹拜首稽首而獻賦曰：

惟我皇明，受天命，臨寶位，洽文德，隆至治，際天蟠地，覆冒無外，明無幽而不燭，化無遠而弗被。惟諸福之畢來，致嘉禎之駢萃，光萬國以來庭，咸輿琛而奉贄，或貢以威鳳祥麟，或獻以錦豹靈犀，或進以渥洼龍文之天馬，或奉以西域卷鬣之神獅。其他若瑤琨球琳，大貝明珠，珊瑚瑪瑙，琥珀琿璪，珍奇異產，海委河輸，紛香焜燿，雜然前陳，則又不可以備書也。其粵有巨獸，魁然其狀，潛海濱以迴翔，匿長林而自放。勢侔山嶽之穹窿，力抵萬鈞之雄壯。其生也大塊孕其眞，至和毓其精，瑤光助其神，斗宿濯其英。然後走百神，集衆靈，播休氛，協嘉禎，忽乘雲而下降，倏天開而日晶。采旼旼而煒煜，文璨璨而璘璘，耿繁星之布濩，瑩雪花而繽紛。如肪之潔，如玉之溫，經以白理，緯以玄黃，修衆采以交互，紛五色而成章。炳炳蔚蔚，熠熠煌煌，六甲為之呵衞，五丁為之贊襄，嶽祇因之而獻瑞，坤珍以之而效祥。於是番會夷長，睨之而異驚，象胥虞人，望之而夆易。不假機檻而自致，匪藉罻羅而自格。乃告神明，天涓吉日，載之以蔽空之長舟，藉之以幕雲之文席，左叱陽侯，右麾海伯，風師前驅而縮恧，吳後從而匍匐，迅飈為之帖息，魍魎竄伏以藏形，猰貐遠引而遁迹，欻星馳而雲駛，逾萬里於倏忽，沐恩光於九重，近龍顏於咫尺。覩其拜跽有常，動止有節，既容與而弗驚，亦安舒而自貼。萬姓為之駿奔，百僚為之欣悅。麒麟參之以翺翔，騶虞隨之而蹩躃。于以導乘輿，服鸞輅，備萬舞，協韶濩，宣人文，韶皇度，兆至德之禎符，綿萬年之寶祚，囿斯世於泰和，措羣生於豐遂，熙鴻化以彌流，寶聖心而祇畏。將以明刑弼敎，保民圖治，答景貺於上天，貽嘉獻於後世，又豈徒誇盛美，侈多瑞，爲目前之奇玩而已哉。

臣忝廁刻於禁垣，幸瞻依於日月，愧學術之粗疎，莫形容於萬一。爰纘述於見聞，翼具存於事實，揚盛世之休嘉，著無前之偉績。祝聖壽以悠長，頌皇圖於無極。爲之頌曰：

惟皇神聖，上帝之命，統臨萬方，靡不從令。維帝監觀禎祥之格，丕昭神化，治此文德。皇不自聖，益敬于天，匪象之瑞，所瑞惟賢。大哉皇仁，覃被八紘，如天之行，如日之升。上帝之歆，協于皇德，億萬斯年，其未無斁（殊域周咨錄卷七占城）。

命中官林貴行人倪俊送歸，有賜。宣德元年（西元一四二六年），行人黃原昌往頒正朔，繩其王不恪，都所酬金幣以歸。擢戶部員外郎。正統元年（西元一四三六年），瓊州知府程瑩言：「占城比年一貢，勞費實多，乞如暹羅諸國例，三年一貢。」帝是之，敕其使如瑩言，賜王及妃綵幣。然番人利中國市易，雖有此令，迄不遵守（明史卷三百二十四占城傳）。

（附一）呂宋之朝貢　居東南海中，去漳州甚近，洪武五年（西元一三七二年）正月，遣使偕瑣里諸國來貢。永樂三年（西元一四〇五年）十月遣官齎詔撫諭其國。八年（西元一四一〇年），與馮嘉施蘭入貢。自後久不至（明史卷三百二十三呂宋傳）。

（附二）合貓里之朝貢　又名貓務里，海中小國。永樂三年（西元一四〇五年）九月，遣使附爪哇使臣朝貢（明史卷二百二十三合貓里傳）。

（附三）婆羅之朝貢　又名文萊，昔爲東西洋分界之處。唐有婆羅國，高宗時常入貢。永樂三年（西元一四〇五年）十月，遣使者齎璽書綵幣撫諭其王。四年（西元一四〇六年）十二月，其國東西二王，幷遣使奉表朝貢。明年又貢。萬曆時（西元一五七三年）爲王者閩人也。或言鄭和使婆羅，有閩人從之，因留居其地，其後人竟據其國而王之。邸旁有中國碑。王有金印一，篆文，上作獸形，言永樂朝所賜，民間嫁娶，必請此印印背上，以爲榮（明史卷三百二十三婆羅傳）。

（附四）琉球之朝貢　居東南大海中，自古不通中國。元世祖遣官招諭之，不能達。洪武初，其國有三王，曰中山，曰山南，曰山北，皆以尚爲姓，而中山最强。五年（西元一三七二年）正月，命行人楊載以卽位建元詔告其國，因次第奉貢不絕。成祖承大統，詔諭如前。永樂元年（西元一四〇三年）春，三王並來貢，山北王請賜冠帶，詔給賜如中山，命行人邊信劉亢齎敕使三國，賜以絨錦文綺紗羅。明年二月，中山王世子武寧遣使告父喪，命禮部遣官諭祭，賻以布帛，遂命武寧襲位。四月，山南王從弟王應祖亦遣使告承察度之喪，謂前王無子，傳位應祖，乞加朝命，且賜冠帶，帝並從之。遂遣官冊封。時山南使臣私齎白金詣處州市磁器，事發，當論罪。帝曰：「遠方之人，知求利而已，安知禁令。」悉貰之。三年（西元一四〇五年）山南遣寨官子入國學。明年，中山亦遣寨官子六人入國學，幷獻奄豎數人。帝曰：「彼亦人子，無罪刑之，何忍！」命禮部還之。部臣言：「還之慮阻歸化之心，請但賜敕止其再進。」帝曰：「諭以空言，不若示以實事。今不遣還，彼欲獻媚，必將繼進。天地以生物爲心，帝王乃可絕人類乎？」竟還之。五年（西元一四〇七年）四月，中山王世子思紹遣使告父喪，諭祭賜賻！冊封如前儀。八年（西元一四一〇年），山南遣官生三人入國學，賜巾服靴條衾褥帷帳，已復頻有所賜。一日，帝與羣臣語及之，禮部尚書呂震曰：「昔唐太宗興庠序，新羅百濟並遣子來學，爾時僅給稟餼，未若今日賜予之周也。」帝曰：「蠻夷子弟慕義而來，必衣食常充，然後嚮學。此我太祖美意，朕安得違之。」明年，中山遣國相子及寨官子入國學。因言：「右長史王茂輔翼有年，請擢爲國相。左長史朱復本江西饒州人，輔臣祖察度四十餘年，不懈，今年踰八十，請令致仕還鄉。」從之。乃命復茂並爲國相，復兼左長史致仕，茂兼右長史任其國事。十一年（西元一四一三年），中山遣寨官子十三人入國學。時山南王應祖爲其兄達勃期所弒，諸寨官討誅之，推應祖子他魯每爲王，以十三年（西元一四一五年）三月請封。命行人李季若等封爲山南王，賜誥命冠服及寶鈔萬五千錠。琉球三王，惟山北最弱，故其朝貢亦最稀。自永樂三年（西元一四〇五年）入貢後，至是年四月始入貢，其後竟爲二王所併，而中山益強。以其國富，一歲常再貢三貢，明廷雖厭其繁，不能却也。其冬貢使還至福建，擅奪海舶，殺官軍，且毆傷中官，掠其衣服。事聞，戮其爲首者，餘六十七人付其主自治。明年，遣使謝罪，帝待之如初。其修貢益謹。二十二年（西元一四二四年）春，中山王世子尚巴志來告父喪，諭祭賜賻如常儀。仁宗嗣位，命行人方彝詔告其國。洪熙元年，（西元一四二五年）命中官齎敕封巴志爲中山王。宣德元年（西元一四二六年）其王以冠服未給，遣使來請，命製皮弁服賜之。三年（西元一四二八年），帝以中山王朝貢彌謹，遣官齎敕往勞，賜羅錦諸物。山南自四年兩貢，終帝世不復至，亦爲中山所併矣。自是惟中山一國，朝貢不絕（明史卷三百二十三琉球傳）。

(二)眞臘之朝貢　在占城南，宋慶元中，滅占城而併其地，因改國號曰占臘，元時仍稱眞臘，隋唐及宋皆朝貢，洪武三年（西元一三七〇年）遣使臣郭徵等齎詔撫諭其國，因遣使來朝貢。永樂元年（西元一四〇三年），遣行人蔣賓興王樞以卽位詔諭其國（案殊域周咨錄：永樂初遣御史尹綬往其國，與此異）。明年，其王參烈婆毘牙遣使來朝，貢方物。初中官使眞臘，有部卒三人潛遁，索之不得，王以其國三人代之，至是引見。帝曰：「華人自逃，於彼何預，而責償？且語言不通，風土不習，吾焉用之！」命賜衣服及道里費遣還。三年（西元一四〇五年），遣使來貢，告故王之喪，命鴻臚序班王孜致祭，給事中畢進，中官王琮齎詔封其嗣子參烈昭平牙爲王。進等還。嗣王遣使偕來謝恩。六年（西元一四〇八年）、十二年（西元一四一四年）再入貢。使者以其數被占城侵擾，久留不去，帝遣中官送之還，并敕占城王罷兵修好。十五年（西元一四一七年）、十七年（西元一四一九年）並入貢。宣德景泰中，亦遣使入貢，自後不常至（明史卷三百二十四眞臘傳）。

(三)暹羅之朝貢　卽隋唐赤土國，後分暹羅斛二國。其後羅斛併暹地，遂稱暹羅斛國。元時暹常入貢。洪武三年（西元一三七〇年），使臣呂宗俊等齎詔諭其國，因遣使來朝貢，成祖卽位，詔諭其國，永樂元年（西元一四〇三年），賜其王昭祿羣膺哆囉諦剌駝紐鍍金銀印，其王卽遣使謝恩。六月，以上高皇帝尊謚，遣官頒詔，有賜。八月，復命給事中王哲行人成務賜其王錦綺。九月，命中官李興等齎勅勞賜其王，其文武諸臣並有賜。二年（西元一四〇四年），有番船飄至福建海岸，詰之，乃暹羅與琉球通好者。所司籍其貨以聞。帝曰：「二國修好，乃甚美事，不幸遭風，正宜憐惜，豈可因以為利！所司其治舟給粟，俟風便遣赴琉球。」是月，其王以帝降璽書勞賜，遣使來謝，貢方物，賜賚有加，并賜列女傳百冊。使者請頒量衡，為國永式，從之。先是占城貢使返，風飄其舟至彭亨，暹羅索取其使，羈留不遣。蘇門答剌及滿剌加又訴暹羅恃強發兵奪明所賜印誥，帝降勅責之曰：「占城蘇門答剌滿剌加與爾俱受朝命，安得逞威拘其貢使？奪其誥印？天有顯道，福善禍淫，安南黎賊，可以鑒戒！其即返占城使者，還蘇門答剌滿剌加印誥。自今奉法循理，保境睦鄰，庶永享太平之福。」時暹羅所遣貢使失風飄至安南，盡為黎賊所殺，止餘孛黑一人。後明軍征安南，獲之以歸，帝憫之。六年（西元一四〇八年）八月，命中官張原送還國，賜王幣帛，令厚恤被殺者之家。九月，鄭和使其國，其王遣使貢方物，謝前罪。七年（西元一四〇九年），使者來祭仁孝皇后，中官告之几筵。時奸民何八觀等逃入暹羅，帝命使者還告其主毋納逋逃，其王即奉命遣使貢馬及方物，并送八觀等還，命張原齎勅幣獎之。十年（西元一四一二年）命中官洪保等往賜幣。十四年（西元一四一六年），王子三賴波羅摩剌劄的賴遣使告父之喪，命中官郭文往祭，別遣官齎詔封其子為王，賜以素錦素羅，隨遣使謝恩。十七年（西元一四一九年），命中官楊敏等護歸。以暹羅侵滿剌加，遣使責命輯睦，王復遣使謝罪。宣德八年（西元一四三三年），王悉里麻哈賴遣使朝貢，嗣後朝貢不絕（明史卷三百二十四暹羅傳）。

(四)爪哇之朝貢　古訶陵國，或曰闍婆，一名莆家龍，一名大港，又曰順塔，在東南海中。當元世祖時，遣使臣孟琪往，黥其面，世祖大舉兵伐之，破其國而還。洪武二年（西元一三六九年），遣行人吳用顏宗魯以即位詔諭其國，因遣使來朝貢。成祖即位，詔諭其國。永樂元年（西元一四〇三年），又遣副使聞良輔，行人甯善賜其王絨綿織金文綺紗羅。使者既行，其西王都馬板遣使入賀，復命中官馬彬等賜以鍍金銀印，西王遣使謝賜印，貢方物，而東王孛令達哈亦遣使朝貢請印，命遣官賜之。自後二王並貢。三年（西元一四〇五年），鄭和使其國。明年，西王與東王構兵，東王戰敗，國被滅，適朝使經東王地，部卒入市，西王國人殺之，凡百七十人。西王懼，遣使謝罪，帝賜敕切責之。命輸黃金六萬兩以贖。六年（西元一四〇八年），再遣鄭和使其國，西王獻黃金萬兩，禮官以輸數不足，請下其使於獄。帝曰：「朕於遠人，欲其畏罪而已，利其金耶？」悉捐之。自後比年一貢，或間歲一貢，或一歲數貢。中官吳賓鄭和先和使其國。時舊港地有爲爪哇侵據者，滿剌加國王矯朝命索之，帝乃賜敕曰：「前中官吳慶還，言王恭待敕使，有加無替，比聞滿剌加國索舊港之地，王甚疑懼。朕推誠待人，若果許之，必有敕諭，王何疑焉。小人浮詞，愼勿輕聽。」十三年（西元一四一五年），其王改名揚惟西沙，遣使謝恩，貢方物。時朝使所攜卒有遭風飄至班卒兒國者，爪哇人珍班聞之，用金贖還，歸之王所。十六年（西元一四一八年），王遣使朝貢，因送還諸卒，帝嘉之，賜敕獎王，幷優賜珍班。自是朝貢使臣，大率每歲一至。正統元年（西元一四三六年），使臣馬用良言先任八諦來朝，蒙恩賜銀帶，今爲亞烈，秩四品，乞賜金帶，從之。閏六月，遣古里、蘇門答剌、錫蘭山、柯枝、天方、加異勒、阿丹、忽魯謨斯、祖法兒、甘巴里、眞臘使臣偕爪哇使臣郭信等同往，賜爪哇敕（明史卷三百二十四爪哇傳）。

（附一）碟里之朝貢　地近哇爪。永樂三年（西元一四〇五年），遣使附其使臣來貢（明史卷三百二十四碟里傳）。

（附二）日羅夏治之朝貢　地近爪哇。永樂三年（西元一四〇五年），遣使附其使臣入貢。（明史卷三百二十四日羅夏治傳，獻徵錄殊域周咨錄俱作日夏羅治）

（五）三佛齊（舊港）之朝貢　古名干陀利，又曰舊港，又曰浡淋邦。又曰伯港。自劉宋時，常遣使奉貢，宋元以來，修貢不絕。洪武三年（西元一三七〇年），遣行人趙述詔諭其國，因遣使來朝貢。其後爪哇破三佛齊，據其國，改其名曰舊港，三佛齊遂亡。國中大亂，爪哇亦不能盡有其地，華人流寓者，往往起而據之。有梁道明者，廣州南海縣人，久居其國，閩粵軍民泛海從之者數千家，推道明爲首，雄視一方。會指揮孫鉉使海外，遇其子，挾與俱來。永樂三年（西元一四〇五年），成祖以行人譚勝受與道明同邑（殊域周咨錄勝受爲臨桂縣丞，以政最，召爲監察御史，降行人。使上以其能稱使，擢浙江按察使），命偕千戶楊信等齎敕招之，道明及其黨陳可伯隨入朝貢還，方物，受賜而還。四年舊港頭目陳祖義遣子士良，道明遣從子觀政並來朝。祖義亦廣東人，雖朝貢而爲盜海上，貢使往來者苦之。五年（西元一四〇七年），鄭和自西洋還，遣人詔諭之，祖義詐降，潛謀邀劫。有施進卿者，告於和，祖義來襲，被擒，獻於朝，伏誅。時進卿適遣婿邱彥誠朝貢，命設舊港宣慰司，以進卿爲使，錫誥印及冠帶。自是屢如貢。然進卿雖受朝命，猶服屬爪哇，其地狹小，非故時三佛齊比也。二十二年（西元一四二四年），進卿子濟孫告父訃，乞嗣職，許之。洪熙元年（西元一四二五年），遣使入貢，訴舊印爲火燬，帝命重給，其後朝貢漸稀（明史卷三百二十四三佛齊傳）。

(六)蘇門答剌之朝貢　在滿剌加之西，爲東西交通之要會。一作須文達那，或云另爲一國。成祖初，遣使以卽位詔諭其國。永樂二年（西元一四〇四年），遣副使聞良輔，行人寧善賜其酋織金文綺絨錦紗羅招徠之。中官尹慶使爪哇，便道復使其國。三年（西元一四〇五年），鄭和下西洋復有賜。和未至，其酋宰奴里阿必丁已遣使隨慶入朝，貢方物，詔封爲蘇門答剌國王，賜印誥綵幣襲衣，遂比年入貢。終成祖世不絕。鄭和凡三使其國。先是其王之父與鄰國花面王戰，中矢死，王子年幼，王妻號於衆曰：「孰能爲我報仇者，我以爲夫，與共國事。」有漁翁聞之，率國人往擊，馘其王而還，王妻遂與之合，稱爲老王。既而王子年長，潛與部領謀殺老王而襲其位，老王弟蘇幹剌（獻徵錄，續文獻通考，識大錄並作漁翁子，鄭和傳亦云前僞王子，此作弟誤）逃山中，連年率衆侵擾。十三年（西元一四一五年），和復至其國，蘇幹剌以頒賜不及己，怒統數萬人邀擊，和勒部卒及國人禦之，大破賊衆，追至南渤利國，俘以歸。其王遣使入謝。宣德元年（西元一四二六年），遣使入賀。五年（西元一四三〇年），帝以外番貢使多不至，遣和及王景弘遍歷諸國，頒詔給賜，凡歷二十餘國，蘇門答剌與焉。明年，遣使入貢者再。八年（西元一四三三年）貢麒麟。九年（西元一四三四年），王弟哈利之漢來朝，卒於京，帝憫之，贈鴻臚少卿，賜誥，有司治喪葬，置守塚戶。時景弘再使其國，王遣弟哈尼者罕隨入朝。明年至，言王老不能治事，請傳位於子，乃封其子阿卜賽亦的爲國王。自是貢使漸稀（明史卷三百二十五蘇門答剌傳）。

（七）西洋瑣里之朝貢　洪武二年（西元一三六九年），使臣劉叔勉以卽位詔諭其國。三年（西元一三七〇年），平定沙漠，復遣使臣頒詔，其王別里提遣使奉金葉表從叔勉獻方物，賜文綺紗羅諸物甚厚，幷賜大統曆。成祖頒卽位詔於海外諸國，西洋瑣里亦與焉。永樂元年（西元一四〇三年），命副使聞良輔，行人寗善使其國，賜絨錦文綺紗羅，已復命中官馬彬往使，賜如前。其王卽遣來使貢，附載胡椒與民市，有司請徵稅，命勿徵。二十一年（西元一四二三年），古里阿丹等十六國遣使來貢，而西洋瑣里貢獨豐美（明史卷三百二十五罪惟錄傳三十六西洋瑣里傳）。

（八）瑣里之朝貢　地近西洋瑣里。洪武三年（西元一三七〇年），命使臣塔海帖木兒齎詔撫諭其國。五年（西元一三七二年），其王卜納的遣撒馬牙茶加兒幹的亦剌丹八兒奉金字表朝貢，幷獻其國土地山川圖，帝顧中書省臣曰：「西洋諸國，素稱遠番，涉海而來，難計歲月，其朝貢無論疏數，厚往薄來可也。」乃賜大統曆及金織文綺紗羅各四匹，使者亦賜幣帛有差。永樂元年（西元一四〇三年）復遣使朝貢。（明史卷三百二十五罪惟錄傳三十六瑣里傳）

（附）覽邦之朝貢　西南海中小國。洪武九年（西元一三七六年），王昔里馬哈剌札的遣使奉表來貢，詔賜其王織金文綺紗羅，使者宴賜如制。永樂宣德中，嘗附鄰國朝貢（明史卷三百二十五覽邦傳）。

（九）彭亨之朝貢　一作湓亨，又曰彭坑，在暹羅之西。洪武十一年（西元一三七八年），其王麻哈剌惹答饒遣使齎金葉表貢番奴六人及方物，宴賚如禮。永樂九年（西元一四一一年），王巴剌密瑣剌達羅息泥遣使入貢。十年（西元一四一二年），鄭和使其國。十二年（西元一四一四年），復入貢。十四年（西元一四一六年），與古里、爪哇諸國偕貢，復命鄭和報之（明史卷三百二十五彭亨傳）。

（十）那孤兒之朝貢　一名那姑兒，在蘇門答剌之西，壤地相接。地狹，止千餘家，男子皆以墨刺面，爲花獸之狀，故又名花面國。永樂中，鄭和使其國，其酋長常入貢方物（明史卷三百二十五那孤兒傳）。

（十一）黎代之朝貢　一作黎伐，又作棃伐，在那孤兒之西。南大山，北大海，西接南渤利。居民三千家。推一人爲主，隸蘇門答剌。永樂中，嘗遣其使臣入貢（明史卷三百二十五黎伐傳）。

（十二）南渤利之朝貢　一作喃渤利，或作南渤里。在蘇門答剌之西。永樂十年（西元一四一二年），其王馬哈麻沙遣使附蘇門答剌使入貢，賜其使襲衣，賜王印誥、錦綺、羅紗、綵幣，遣鄭和撫諭其國。終成祖時，比年一貢。其王子沙者罕亦遣使入貢。宣德五年（西元一四三〇年），鄭和遍賜諸國，南渤利亦與焉（明史卷三百二十五南渤利傳）。

（十三）阿魯之朝貢　一名啞魯，又作啞嚕，近滿剌加。永樂九年，（西元一四一一年）王速魯忽先遣使附古里諸國人貢，賜其使冠帶綵幣寶鈔，其王亦有賜。十年（西元一四一二年），鄭和使其國。十七年（西元一四一九年），王子段阿剌沙遣使入貢。十九年（西元一四二一年），二十一年（西元一四二三年）再入貢。宣德五年（西元一四三〇年），鄭和使諸番，亦有賜，其後貢使不至（明史卷三百二十五阿魯傳）。

（十四）古里之朝貢　一作古俚，西洋大國。西濱大海，南距柯枝，北距狠奴兒國，東七百里距坎巴國，爲諸番要會。永樂元年（西元一四〇三年），命中官尹慶奉詔撫諭其國，賚以綵幣，其王沙米的喜遣使從慶入朝貢方物。三年（西元一四〇五年）達南京，封爲國王，賜印誥及文綺諸物，遂比年入貢，鄭和亦數使其國。十三年（西元一四一五年），偕柯枝、南渤利、甘巴里、滿剌加諸國入貢。十四年（西元一四一六年），又偕爪哇、滿剌加、占城、錫蘭山、木骨都束、溜山、南渤利、不剌哇、阿丹、蘇門答剌、麻林、剌撒、忽魯謨斯、柯枝、南巫里、沙里灣泥，彭亨諸國入貢。是時諸番使臣充斥於廷，以古里大國，序其使者於首。十七年（西元一四一九年），偕滿剌加十七國來貢。十九年（西元一四二一年）又偕忽魯謨斯等國入貢。二十一年（西元一四二三年），復偕忽魯謨斯等國遣使千二百人入貢。時帝方出塞，敕太子曰：「天時向寒。貢使卽令禮官宴勞，給賜遣還。其以土物來市者，官酬其值。」宣德八年（西元一四三三年），其王比里麻遣使偕蘇門答剌等國使臣入貢，其使久留都下。正統元年（西元一四三六年），乃命附爪哇貢舟西還，自是不復至（明史卷三百二十六古里傳）。

（十五）柯枝之朝貢　一作阿枝，或言卽古槃槃（一作槃盤）。宋、梁、隋、唐，皆入貢。永樂元年（西元一四〇三年），遣中官尹慶齎詔撫諭其國，賜以銷金帳幔織金文綺綵帛及華蓋。六年（西元一四〇八年）復命鄭和使其國。九年（西元一四一一年），王可亦里遣使入貢。十年（西元一四一二年），鄭和再使其國。連二歲入貢。其使者請賜印誥，封其國中之山，帝遣鄭和齎印賜其王因撰碑文命勒石山上。其詞曰：

王化與天地流通，凡覆載之內，舉納於甄陶者，體造化之仁也。蓋天下無二理，生民無二心，憂戚喜樂之同情，安逸飽煖之同欲，奚有間於遐邇哉？任君民之寄者，當盡子民之道。詩云：「邦畿千里，惟民所止，肇域彼四海」。書云：「東漸於海，西被於流沙，朔南暨，聲敎訖於四海。」朕君臨天下，撫治華夷，一視同仁，無間彼此。推古聖帝明王之道，以合乎天地之心，遠邦異域，咸使各得其所，聞風嚮化者，爭恐後也。

柯枝國遠在西南，距海之濱，出諸番國之外，慕中華而歆得化久矣。命令之至，拳跽鼓舞。順附如歸，咸仰天而拜曰：「何幸中國聖人之敎，沾及於我。乃數歲以來，國內豐穰，居有室廬，食飽魚鼈，衣足布帛，老者慈幼，少者敬長，熙熙然而樂，凌厲爭競之習無有也。山無猛獸，溪絕惡魚，海出奇珍，林產嘉木，諸物繁盛，倍越尋常。暴風不興，疾雨不作，札沴殄息靡有害菑，蓋甚盛矣。朕揆德薄，何能如是，非其長民者之所致歟！乃封可亦里爲國王，賜以印章，俾其民，并封其國中之山爲鎮國之山，勒碑其上，垂示無窮。而系以銘曰：

截彼高山，作鎮海邦，吐烟出雲，爲下國洪龐。肅其煩歊，時其雨暘，袪彼氛妖，作彼豐穰。靡菑靡沴，永庇斯疆。優游卒歲，室家胥慶。於戲！山之嶄兮！海之深矣！勒此銘詩，相爲終始。」

宣德五年（西元一四三〇年），復遣鄭和撫諭其國。八年（西元一四三五年），王可亦里遣使偕錫蘭山諸國來貢。正統元年（西元一四三六年），遣其使者附爪哇貢船還國，幷賜敕勞王（明史卷三百二十六柯枝傳）。

（十六）小葛蘭之朝貢　一作小唄喃，與柯枝接境。東大山。西大海，南北地窄，西洋小國。永樂五年，（西元一四〇七年）遣使附古里，蘇門答剌入貢，賜其王錦綺，紗羅，鞍馬諸物，其使者亦有賜。鄭和嘗使其國（明史卷三百二十六小葛蘭傳）。

（十七）錫蘭山之朝貢　一作祼形國，或云卽古狼牙修。梁時曾通中國。永樂中，鄭和使西洋至其地，其王亞烈苦奈兒欲害和，和覺，去之他國。王又不睦鄰境，屢邀劫往來使臣，諸番皆苦之。及和歸，復經其地，乃誘和至國中，發兵五萬劫和，塞歸路。和乃率步卒二千，由間道乘虛攻拔其城，生擒亞烈苦奈兒及妻子頭目（明史卷三百二十六錫蘭山傳）。九年，歸獻闕下，帝命禮部擇其支屬賢者更立之。禮部詢於所俘國人，舉耶巴乃那賢。十年（西元一四一二年），遣使賫詔印往封之。詔曰：

朕統承先皇帝鴻業，撫馭華夷，嘉有萬方，同臻至治。錫蘭國亞烈苦柰兒近處海島，素蓄禍心，毒虐下人，結怨鄰境。朕嘗遣使詔諭番國，至錫蘭，其亞烈苦奈兒敢違天道，傲慢弗恭，逞其兇逆，謀殺朝使。天厭其惡，遄被擒俘。朕念國中軍民，皆朕赤子，命簡賢能，爲之統屬。爾耶巴那修德好善，爲衆所推，今特封爾爲錫蘭國王。嗚呼，惟誠敬可以立身，惟仁厚可以撫衆，惟忠可以事上，惟信可以睦鄰，爾其欽承朕命，永崇天道，無怠無驕，暨子孫世享無疆之福，欽哉

時羣臣皆請誅亞烈苦奈兒。帝曰：「蠻夷禽獸耳，不足誅。」遂赦之，亦遣歸。時國人立不剌葛麻巴思剌查爲王，詔諭使遜位。十四年（西元一四一六年）王遣使偕占城、爪哇諸國貢馬及犀象方物。宣德五年（西元一四三〇年），鄭和等齎敕及錦綺紗羅綵絹等物偕往賜各國王。八年（西元一四三三年）入貢，賜文綺國王十八疋，王妃八疋，紗國王與妃各四疋，正使副使給賞有差，詔使臣以下自進物，俱給與價（殊域周咨錄卷九錫蘭）。正統元年（西元一四三六年），命附爪哇貢舶歸，錫敕諭之（明史卷三百二十六錫蘭山傳）。

（十八）榜葛剌之朝貢　卽漢身毒國，東漢曰天竺。後分五天竺，中天竺貢於梁，南天竺貢於魏。唐時亦分五天竺，又名五印度，宋仍名天竺，榜葛剌則東印度也。永樂六年（西元一四〇八年），其王靄牙思丁遣使來朝，貢方物，宴賚有差。七年（西元一四〇九年），其使凡再至，攜從者三百三十餘人。帝方招徠絕域，頒賜甚厚。自是比年入貢。十年（西元一四一二年），貢使將至，遣官宴之於鎮江。既將事，使者告其王之喪，遣官往祭，封嗣子賽勿丁爲王（皇明象胥錄：永樂二年國王靄牙思丁遣使朝貢，六年上金葉表，九年至太倉，命行人往宴勞之，與此互異）。十二年（西

元一四一四年），嗣王遣使奉表來謝，貢麒麟及名馬方物（明史卷三百二十六榜葛剌傳）。禮部請上表賀。帝曰「卿等但當夙夜竭心輔治，以惠天下，天下既安，雖無麒麟，不害為治。其免賀。」齎詔賜錦四段，綾六十疋，頭目等給賞有差。左諭德楊士奇西夷貢麒麟早朝應制詩曰：

天香袖引玉爐薰，日照龍墀彩仗分，閶闔九重通御氣，蓬萊五色護祥雲。班聯文武齊鵷鷺，慶合華夷致鳳麟，聖主臨軒萬年壽，敬陳明德贊堯勳（殊域周咨錄卷十一榜葛剌）。

明年，遣侯顯齎詔使其國，王與妃大臣皆有賜。正統三年（西元一四三八年），貢麒麟，百官表賀。明年，又入貢。自是不復至（明史卷三百二十六榜葛剌傳）。

（十九）祖法兒之朝貢　又名佐法兒，亦名左法兒。在古里西北，東南皆海，西北重山。永樂十九年（西元一四二一年），遣使偕阿丹、剌撒諸國入貢。命鄭和齎璽書賜物報之。二十一年（西元一四二三年），貢使復至。宣德五年（西元一四三〇年），和再使其國，其王阿里即遣使朝貢。八年（西元一四三三年），達京師。正統元年（西元一四三六年）還國，賜璽書獎王。當中使至其讀詔訖，其王徧諭國人，盡出乳香、血竭、蘆薈、沒藥、蘇合油、安息香諸物，與華人交易（明史卷三百二十六祖法兒傳）。

（二十）木骨都束之朝貢　一作木骨都剌。其國濱海，山連地曠。永樂十四年（西元一四一六年），遣使與不剌哇、麻林諸國奉表朝貢，命鄭和齎敕及幣，偕其使者往報之。後再入貢，復命和偕行，賜王及妃綵幣。二十一年（西元一四二三年），貢使又至，比還，其王與妃更有賜。宣德五年

（西元一四三〇年），和復頒詔其國（明史卷三百二十六木骨都束傳）。

（二十一）不剌哇之朝貢．又作卜剌哇，與木骨都束接壤。永樂十四年（西元一四一六年），至二十一年（西元一四二三年），凡四入貢，並與木骨都束偕，鄭和亦兩使其國。宣德五年（西元一四三〇年），和復往使其國（明史卷三百二十六不剌哇傳）。

（二十二）竹步之朝貢　亦與木骨都束接壤。永樂中，嘗入貢，鄭和亦嘗至其地（明史卷三百二十六竹步傳）。

（二十三）阿丹之朝貢　一作哈丹。在古里之西，梁隋唐時，並有丹丹國，或言即其地。永樂十四年（西元一四一六年），遣使奉表貢方物，辭還，命鄭和齎敕及綵幣偕往賜之，自是凡四入貢，天子亦厚加賞賚。宣德五年（西元一四三〇年），海外諸番久缺貢，復命和齎敕宣諭，其王抹立克那思兒即遣使來貢。八年（西元一四三三年），至京師，正統元年（西元一四三六年）始還。嗣後不復至。其王甚尊信中國，聞和船至，躬率部領來迎入國，宣詔訖，徧諭其下，盡出珍寶互易。永樂十九年（西元一四二一年），中官周姓者往市，得猫睛重二錢許，珊瑚樹高二尺者數枚，又大珠金珀諸色雅姑、異寶、麒麟、獅子、花貓鹿、金錢豹、駝鷄、白鳩以歸，他國所不及也（明史卷三百二十六阿丹傳）。

（二十四）剌撒之朝貢　其國傍海而居，居處悉與竹步諸國同。永樂十四年（西元一四一六年），遣使來貢，命鄭和報之。後凡三貢，皆與阿丹、不剌哇諸國偕。宣德五年（西元一四三〇年），和復齎敕往使，竟不復貢（明史卷三百二十六剌撒傳）。

（二十五）麻林之朝貢　一作麻菻或作麻剌。去中國極遠，永樂十三年（西元一四一五年），遣使貢麒麟。將至，禮部尚書呂震請表賀。帝曰：「往儒臣進五經四書大全，請上表，朕許之，以此書有益於治也。麟之有無，何所損失，其已之。」已而麻林與諸番使者以麟及天馬神鹿諸物進，帝御奉天門受之，百僚稽首稱賀。帝曰：「此皇考厚德所致，亦賴卿等翊贊，故遠人畢來，繼自今益宜秉德迪朕不逮。」（明史卷三百二十六麻林傳）翰林學士金幼孜為之賦曰：

臣聞麒麟天下之大瑞也，帝王之德，上及太清，下及大寧，中靈，則麒麟見。又云：天愛道，地不愛寶，人不愛其情，則麒麟見。又云：王者德洞淪冥，化及羣動，則麒麟見。是則麟之出，必聖人在位，當天下文明之日，固不可以幸而數致也。欽惟聖天子嗣大歷服，法天圖治，勵精宵旰，致理萬機，仁聲義聞，洽於遠邇，德教覃被，民物和會，四方萬國，靡不歸戴。於是天鑒聖德，景貺屢臻，而十有七年之間，諸福之物，紛員充物，史不絕書，乃永樂甲午（十二年）秋九月，西南夷有曰榜葛剌國，以麒麟貢。明年乙未（十三年）秋九月，有曰麻林國，以麒麟貢，今年秋，復有曰阿丹國，以麒麟貢。五六年間，麒麟凡三至京師。烜赫昭彰，震耀中外，誠千萬世之嘉遇，而太平之上瑞也。

昔者皇帝道隆德盛，麟儀出於囿，周南雖託諸歌詠，而未覩其眞。降及漢唐，寥寥無聞，今聖天子德協重華，功高曠古，厚澤深仁，涵浸無間，而茲麟之祥，屢見而不已。蓋上天以是彰顯聖德，爲王化之大成，誠宗社生民萬世無疆之慶也。臣忝列禁林，目覩嘉禎，不勝榮幸，用述爲贊，以傳之久遠。謹拜手稽首以獻贊曰：

猗歟仁獸，異狀奇形，二儀肧暉，玄枵降精。龍顱聳拔，肉角挺生，紫毛白理，龜紋縱橫。其質濯濯，其儀彬彬，有趾弗踶，惟仁是遵。有角弗觸，惟義之循，步中規矩，音協韶鈞。生草不踐，生物不餐，四時乘化，具鳴弗慾。是名麒麟，出應於天。待時而至，弗後弗先。萬里來賓，載邁載馳。瑤光燭霄，卿雲下垂，重瞳屢顧，衆忭以嬉。大開明堂，坐以納之，於惟我皇。治天圖治。聲敎流行，東漸西被，無幽弗燭，無遠弗暨，川匯雲奔，稽首奉贄，爰集大瑞，後先駢臻。何以致之？惟皇之仁，惟皇之仁，洽於八垠。極天際地，罔不尊親，惟皇謙恭，弗自為聖。匪物之珍，協於仁政，惟皇奉天，丕顯大命。聖壽萬年，四方之慶（殊域周咨錄卷九麻剌）。十四年（西元一四一六年），又貢方物（明史卷三百二十六麻林傳）。

(二十六)忽魯謨斯之朝貢　一作忽魯母思，又作忽魯謨斯，西洋大國，在古里北。永樂十年（西元一四一二年），以西洋近國已航海貢琛，稽顙闕下，而遠者猶未賓服，乃命鄭和齎璽書往諸國賜其王錦綵帛紗羅，妃及大臣皆有賜。王即遣陪臣已即丁奉金葉表貢馬及方物。十二年（西元一四一四年），至京師，命禮官宴賜，酬以馬值。比還，賜王及妃以下有差。自是凡四貢，和亦再使。後朝使不往，其使亦不來。宣德五年（西元一四三〇年），復遣鄭和宣詔其國，其王賽弗丁乃遣使來貢。八年（西元一四三三年）至京師，宴賜有加。正統元年（西元一四三三年），附爪哇舟還國

。嗣後遂絕（明史卷三百二十六忽魯謨斯傳）

（二十七）溜山之朝貢　一作溜洋，在海中，當錫蘭之西南。永樂十年（西元一四一二年），鄭和往賜其國。十四年（西元一四一六年），其王亦速福遣使來貢。自後三貢，並與忽魯謨斯諸國偕宣德五年（西元一四三〇年），鄭和復使其國，後竟不至（明史卷三百二十六溜山傳）。

（二十八）南巫里之朝貢　一作南泥里。在西南海中。永樂三年（西元一四〇五年），遣使齎璽綵幣撫諭其國。六年（西元一四〇八年），鄭和復往使。九年（西元一四一一年），其王遣使貢方物，與急蘭丹、加異勒諸國偕來，賜其王織金文綺、金繡龍衣、銷金幃幔及織蓋諸物，命禮部宴賜遣之。十四年（西元一四一六年）再貢，命鄭和與其使偕行，後不復至（明史卷三百二十六南巫里傳）。

（二十九）加異勒之朝貢　西洋小國。永樂六年（西元一四〇八年），遣鄭和齎詔招諭，賜以錦綺紗羅。九年（西元一四一一年），其酋長葛卜者麻遣使奉表貢方物，命賜宴及冠帶綵幣寶鈔。十年（西元一四一二年），和再使其國。後凡三入貢。宣德五年（西元一四三〇年），和復賜其國。八年（西元一四三三年）又偕阿丹等十一國來貢（明史卷三百二十六加異勒傳）。

（三十）甘巴里之朝貢　一作甘把里，西洋小國。永樂六年（西元一四〇八年），鄭和使其地，賜其王錦綺紗羅。十二年（西元一四一四年），遣使朝貢方物。十九年（西元一四二一年），再貢，遣鄭和報之。宣德五年（西元一四三〇年），復詔諭其國，王覺哇剌札遣使來貢。八年（西元一四三三年），抵京師，正統元年（西元一四三六年），附爪哇舟還國，賜勅勞王（明史卷三百二十六甘巴里傳）。

（三十一）急蘭丹之朝貢　永樂九年（西元一四一一年），其王麻哈剌查若馬兒遣使朝貢。十年（西元一四一二年），命鄭和齎勅獎其王，賚以錦綺紗羅綵帛（明史卷三百二十六急蘭丹傳）。

（三十二）沙里灣泥之朝貢　永樂十四年（西元一四一六年），遣使來獻方物，命鄭和齎幣帛還賜之（明史卷三百二十六沙里灣泥傳）。

（附一）剌泥等之朝貢　永樂元年（西元一四〇三年），其國中回回哈馬哈只沒奇剌泥等來貢方物，因攜胡椒與民市，有司請徵其稅。帝曰：「徵稅以抑逐末之民，豈以爲利？今遠人慕義來，乃取其貨，所得幾何？而虧損國體多矣。其已之。」剌泥而外，有數國曰夏剌比，曰奇剌泥，曰窟察泥，曰捨剌齊，曰彭加那，曰八可意，曰烏沙剌踢，曰坎巴，曰阿哇，曰打回，永樂中嘗遣使朝貢（明史卷三百二十六剌泥傳）。

（附二）白黑葛達之朝貢　宣德元年（西元一四二六年），遣其臣和者里一思入貢。其使臣言：「遭風破舟，貢物盡失，國主惓惓忠敬之忱，無由上達。此臣之罪，惟望聖天子恩貸，賜之冠帶，俾得歸見國主，知陪臣實詣闕廷，庶幾免責。」帝許之，使附鄰國貢舟還國，諭之曰：「倉卒失風，豈人力能制？歸語爾主，朕嘉王之誠，不在物也。」宴賜悉如禮。及辭歸，帝謂禮官曰：「天時漸寒，海道遼遠，可賜路費及衣服。」又有黑葛達亦以宣德時來貢（明史卷三百二十六白葛達傳）。

(三十三)天方之朝貢　古筠冲地，一名天堂，又曰默伽。在古里西南。宣德五年（西元一四三〇年），鄭和使西洋，分遣其儕詣古里，聞古里遣人往天方，因使之齎貨物附其舟偕行。往返經歲，市奇珍異寶，及麒麟、獅子、駝鷄以歸，其國王亦遣陪臣隨朝來貢。宣宗喜，賜賚有加。正統元年，（西元一四三六年）使命附爪哇貢舟還，賜幣及敕奬其王（明史卷三百三十二天方傳）。

(三十四)默德那之朝貢　地近天方，回回祖國也。宣德時，其酋長遣使偕天方使臣來貢，後不復至（明史卷三百三十二默德那傳）。

第三節　未經朝貢諸國之事略

明史鄭和傳稱：「和遍歷諸番國，宣天子詔，因給賜其君長，不服，則以武懾之。………諸邦益震讋，來者日多。」（明史卷三百四鄭和傳）是則鄭和出使，雖威恩並用，然亦有雖經給賜，而卒不朝貢者，有麻葉甕，葛卜速兒米囊，鷄籠山，比剌，孫剌，阿撥把丹，小葛蘭等八國。玆分述如次：

(一)麻葉甕　在西南海中。永樂三年（西元一四〇五年）十月，遣使齎璽書賜物，招諭其國，迄不朝貢（明　卷三百二十三麻葉甕傳）。

(二)葛卜速兒米囊　地近麻葉甕。永樂三年（西元一四〇三年），遣使賜璽書賜物招諭，亦竟不至（明史卷三百二十三麻葉甕傳）。

（三）鷄籠山（台灣）　在澎湖嶼東北，故名北港，又名東番，去泉州甚邇。地多深山大澤，聚落星散，無君長，有十五社。社多者千人，少者五六百人。無繇賦，以子女多者爲雄，聽其號令。雖居海中，酷畏海，不善操舟，老死不與鄰國往來。永樂時，鄭和徧歷東西洋，靡不獻琛恐後，獨東番遠避不至（明史卷三百二十三鷄籠山傳）。

（四）比剌孫剌　永樂中，鄭中嘗齎敕往賜，以去中華絕遠，二國貢使竟不至（明史卷三百二十六溜山傳）。

（五）阿撥把丹小阿蘭　地隣加異勒。永樂六年（西元一四〇八年），命鄭和齎敕詔諭其國，賜以錦綺紗羅（明史卷三百二十六甘巴里傳）。

第七章　鄭和之軼聞

第一節　地理方面

鄭和出使所經地域之足資紀念者，可分爲下列數項言之：其一爲寶船停泊之港口，若南京之龍灣，太倉之劉家港，長樂之太平港，十洋街，滿剌加之庫藏倉廒，暹羅之三寶港等是。其二爲經行遊歷之名勝，若長樂之三寶巖，滿剌加之三寶城，三寶井，爪哇之三寶壠，三保洞，三保井，三保墩等是。茲分列如次：

（一）南京之龍灣　龍灣之名，見祝允明前聞記，而不著其地點之所在，爲鄭和航海寶船出發時集中之地方。記稱宣德五年閏十二月六日龍灣開舡，十日到徐山。伯希和考之云：「龍灣是南京西北之一小灣名，可參考該雅兒(Gaiblard 南京史略後附索引與地圖。麥耶兒思(Mayers)已曾想到龍灣在南京境內，但未考訂確在何處。如此看來，鄭和第七次旅行時，艦隊在龍灣聚齊，前此諸役，或亦然也。」（馮承鈞譯鄭和下西洋考）其言頗爲近理。

（二）太倉之劉家港　元至元十九年（西元一二八二年）宣慰朱清張瑄等建議海漕，置海運倉於此。是時海外諸番於此交通市易，謂之六國馬頭（太倉州志）。明初置太倉衞。有劉家港，爲婁江入海處（一名劉家口亦曰劉河劉卽婁也）。鄭和航海，亦以此爲停泊之所。星槎勝覽云：「永樂七年（西元一四〇九年）己丑上命正使太監鄭和王景弘等統領官兵二萬七千餘人，駕駛海船四十八號，往諸番國開讀賞賜。是歲秋九月，自太倉劉家港開船。」（星槎勝覽前集校注占城國）明史地理志云：「太倉州本太倉衛，太祖吳元年四月置。東濱海，海口有鎮海衛，洪武十二年十月置，後移於太倉衛。城南有劉河，其入海處，曰劉河口，有劉家港巡檢司。」（明史卷四十）今爲江蘇太倉縣。

（三）長樂之太平港　太平港在福建長樂，爲閩江之一支流，一名馬頭江，爲鄭和航海停泊候風之所。星槎勝覽云：「永樂七年秋九月，自太倉劉家港開船，十月到福建長樂太平港停泊。」（星槎勝覽前集校注占城國）明史地理志云：「長樂東濱海，有海堤，北有馬頭江。」（明史卷四十五）圖書集成云：「長樂馬頭石，吳王造戰船處也，名吳艦頭。漢吳王濞反，獨東甌王搖從之，故濞於此造船。明太監鄭和泊舟焉，改爲太平港。十洋市在港東。」（圖書集成方輿彙編職方典第一千三十五卷福州部彙考山川）民國二十五年，余至長樂，訪問所謂太平港者，僅小港而已，汚塞不能通航云。

（四）長樂之十洋街　圖書集成云：「福建長樂縣首石山，山巔有石，高二十餘丈，廣數步，中有泉穴。四面窺之皆見水，又云四水石山。山有時鳴。吉讖云：『首石山鳴出大魁，十洋成市狀元來。』明永樂十年是山適鳴，會三寶太監鄭和下海通西洋，駐軍十洋街。是科邑人馬鐸應之。戊戌又鳴，邑人李騏應之。」（圖書集成方輿彙編職方典第一千三十五卷福州府部彙考山川）案明史永樂十年（壬辰）三月戊子，賜馬鐸等進士及第出身有差。十六年（戊戌）三月甲寅，賜李騏等進士及第出身有差（明史成祖本紀）。

（五）滿剌加之庫藏倉廒　瀛涯勝覽滿剌加條云：「凡中國寶船到彼，則立排柵如城垣，設四門更鼓樓，夜則提鈴巡警。內又立重柵如小城，蓋造倉藏倉廒，一應錢糧，頓在其內。去各國船隻，回到此處取齊，打整番貨，裝載船內，等候南風正順，於五月中旬開洋迴還。（瀛涯勝覽校注滿剌加國）蓋此爲鄭和出使海外往來蕃國之所，亦東西交匯之處，猶歐人東航以錫蘭島爲蕃國之所也。黃省曾論其事云：「傳云海島邈絕，不可踐量，信然矣。況夷心淵險不可測，握重貲以深往，自非多區略之臣，鮮不敗事也。予觀馬歡所記，載滿剌加云，鄭和至此，乃爲城柵鼓角，立府藏倉廩，停貯百物，然後分使通於列夷，歸綜則仍會萃焉，智哉其區略也。滿剌加昔無名號，素苦暹羅，永樂初始建碑封城，詔爲王焉，其內慕柔服，至率妻子來朝，實若宗藩之親矣，則和之貯泊於此也曷有他慮哉，智哉其區略也。」（西洋朝貢典錄卷上滿剌加國）則滿剌加者，實中國之外府也。

（六）暹羅之三寶港　東西洋考三寶港條云：「是港無鱷魚」（東西洋考卷二暹羅形勝古蹟）。按楊文瑛暹羅雜記云：「鱷魚暹人呼爲得鴛，潮語謂之岑仔，六坤省邦武里縣邦河東段產鱷魚最多，約計二百有奇，終較南洋他處略少。予居數年，江河之中，未嘗一見。」（暹羅雜記第十二志異類鱷魚）所謂三寶港卽今暹羅灣，爲湄南（Menam）河入海處。

（七）長樂三寶巖　圖書集成云：「長樂籌峯山，一名龍峯，一作籌巖，有唐林愼思讀書石室，朱晦翁題之曰德成，以愼思德成於此也。山中巖爲宋劉砥劉礪讀書之所。晦翁南遊，二劉從學，留斯巖最久。巖奇峭幽絕，逶迤而上，可數百武。有石對峙，如削爲石門，晦翁手題讀書處，鐫於石門之上，有祠祀晦翁，以二劉配。其巔有海天山月亭，明中璫鄭和嘗加葺治，人名之曰三寶巖，以和奉使入海，人稱三寶太監也。隆慶間，蔣以忠易之曰晦翁巖。」（圖書集成方輿彙編職方典第一千三十五卷福州府部彙考山川）則鄭和在長樂之遺愛，直與朱熹相並矣。

（八）滿剌加之三寶城三寶井　滿剌加一名馬六甲，有三寶城三寶井相傳爲鄭和所建。沈厥成南洋地理云：「馬六甲全州地勢平坦，只有蒲愷排登(Bukit Batang)山，和蒲愷納來士(Bukit Nyalas)山較爲著名。這地因為開闢很早，所以古蹟名勝不少。有一三寶城，建在山峯之上，城樓雉堞，都爲中國式。旁有三寶井，水極清洌甘美，土人常成羣結隊去沖涼，據說可以却病延年，相傳爲明三寶太監鄭和所建，所以土人在井旁建一亭，內供鄭和神位，取水的土人，都向神位跪拜，可見土人對鄭和的景仰了。」（南洋地理第一篇英屬馬來半島老舊的馬六甲）

（九）爪哇三寶壠　漳州王大海海島逸志云：「明宣宗好寶玩，命內監鄭和等至西洋採辦，止於萬丹（在葛剌巴西境），實未至巴，而三寶壠(Semarang)有三寶洞，云是星槎遺蹟。極靈應，每朔望，士女雲集拜禱」（小方壺齋輿地叢抄第十帙）。萬丹(Bantam)在爪哇，鄭和第一二次出使，皆至爪哇，相傳在三寶壠登陸，三寶壠之命名，卽由鄭和而起，遺跡甚多。王景弘與之俱來，卒於此地，營墓於此，至今尚存。沈厥成南洋地理云：「三寶壠又簡稱壠川，既是全爪哇三大通商口岸之一，復爲中爪哇省的省會，所以非常熱鬧。自明朝三保太監鄭和來爪哇後，三寶壠便成爲中

國殖民的重要區域。」（南洋地理第三篇荷屬東印度華僑發祥地三寶壠）

（十）爪哇之三寶洞三寶井三保墩　鄭健吾南洋三月記云：乘汽車遊三保洞，先過三保開港，木橋橫架其上。相傳此港為三寶太監所開，故名。港有水閘，乃荷蘭人所築，洋灰結成，工程頗大，旋抵三保洞，洞前築亭，陳列香案，亭上四周，懸掛聯額，目不暇給。有章太炎篆書一聯，文曰：「尋君千載後，而我一能无」。聯上款「民國五年十月過三保洞書此，神若有知，應其昭鑒」。下款「勳二位前東三省籌邊使章炳麟」。其餘日本人謝匾甚多，皆書「福壽正義」等語，亦有書聯文者。亭後卽石洞，供三保太監鄭和塑像，香烟繚繞。案下有井，水清而洌，名三保井。每逢朔望，華僑男女趨洞參拜者，絡繹不絕。亭左長廊盡處，有古墓，形如土墩，相傳為三保墩，卽鄭和沈舟處。陰曆六月三十日，為三保航抵爪哇之紀念日，每年此日，三寶壟大覺寺必循例進香。又相傳三保洞旁之土墩，卽王景宏之墓。當時王景宏同使南洋，王卒於此，故葬之，誤傳三保大人埋骨之地。墓上環置方形木籤數十，上狹下廣，尖若塔形，刻弟子或信女某某叩謝，亦有刻巫文，蓋皆還願者。聞每星期四日華僑婦女來此獻花者甚衆。再過數武，豎有石碑，為黃志信（黃仲涵之父）所立，其大意略曰：「時望安為王公三保大人歸眞之地，山明水秀，樹木葱蘢，麓有石門，天然成洞，神靈顯應，其初為宋仔故業，後由志信購之，修葺廢圮，新建洞亭，廣拓道路，疏濬溝澮，以誌神靈」等語。並刻下款「光緒五年己卯，荷蘭一八七九年，望山主人黃志信敬勒。」觀此，可知三保洞之由來也（南洋三月記二〇六遊三保洞古蹟）。黃素封南天樂園云：「三保洞在爪哇三寶壟附近的獅頭山，有三保洞，相傳是三保大人晚年歸眞」（成神仙）的地方，這當然是一種迷信的神話。三保洞中供着三寶的遺像，洞前有一方亭，中間設着香案，亭前懸匾甚多，正中有横額一塊，上書「三保大人」四字，兩側有楹聯一對，聯文是：「尋君千載後，而我一能无」，章杭（案當作餘杭）章太炎題，現在三寶壟的華僑，每年仍以舊曆六月三十日爲三保大人初到爪哇的紀念日。他們組織了迎神出巡的慶祝會，每到這時，必要舉行一番熱鬧，鑼鼓喧天，爆竹雷鳴，人山人海，雲集景從，宛如國內抬城隍出巡一樣。離三保洞不遠，有一處名三保墩，相傳三保大人所率的兵艦，當在這裏駐紮的時候，曾有一隻船沉沒海中，這海後來就變成陸地而成仙境，華僑乃在此處修一土墩，以留紀念。三保井在爪哇茂物境內，有個山泉，華僑稱做三保井，相傳三保大人初到此地的時候，曾在這裏鑿泉取水，供給士兵的飲料（南天樂園第二十七篇東印度境內的我國行蹟）。以上所列，三保洞、三保井、三保墩，皆因紀念鄭和王景弘而得名，但兩書所記三保井地點，各不相同，不知孰是。

第二節　寺廟方面

鄭和出使期間關於寺廟之建築，可分爲下列數項言之：其一爲供奉天妃等神者，若南京太倉泉州之天妃宮，長樂之南山行宮南山寺及三淸寶殿等是。其二爲紀念航海平安者，若南京之靜海寺等是。其三爲紀念鄭和者，若爪哇之三保公廟，暹羅三寶寺塔，三寶廟等是。其餘若暹羅之西塔、錫門，禮拜寺等，亦皆出於鄭和之手澤云。茲分列如次：

（一）南京之天妃宮　南京奉祀天妃廟宇，共有三處：一在上新河，一在大勝關，一在下關，而以下關天妃宮之規模爲最宏麗。圖書集成云：「天妃廟在郭城江東門外上新河北岸，明洪武間建，成化二十三年重修。」又云：「大勝關天妃廟在郭城安德門外南城，明建，今募重修。」（圖書集成方輿彙編職方典第六百六十卷江寧府部彙考祠廟）即所謂上新河大勝關之天妃宮也。皆爲明初所建，與鄭和無涉。又云：「天妃宮在獅子山下，明文帝遣使海外，颶風黑浪，賴天妃顯護，永樂十四年（西元一四一六年）敕建。宮枕城，半在山，當時龍江經其下，宮殿華峻，廊廡繪海中靈異。玉皇閣高可見江，與遠近帆檣相映。宮後有娑羅樹，亭有御製弘仁普濟天妃宮之碑。」（圖書集成方輿彙編職方典第六百六十一卷江寧府部彙考祠廟）所謂獅子山，卽盧龍山，在下關儀鳳門外，與靜海寺相鄰。卽所謂下關天妃宮也。其建築時間，或云在永樂五年，據明大政紀云：「永樂五年（西元一四〇七年）九月戊午，建龍江天妃廟成，命太常寺少卿朱焯祭告。時太監鄭和使古里勅加諸番國還，言神多感應，故有是命。」（圖書集成博物彙編神異典第二十八卷海神部彙考）又明會典云：「天妃宮在龍江關，永樂五年建。每歲以正月十五日，三月二十三日，遣南京太常寺官致祭。」（明會典卷九十三）其言是也。天妃之建廟奉祀，雖宋元以來，歷時已久，然以明代爲最盛，而南京之天妃宮，尤稱一代之隆典。清代增封天妃爲天后，改天妃宮爲天后宮。今所存者規模狹隘已非當日之舊矣。

（二）太倉之天妃宮　太倉天妃宮，又名靈慈宮。有二：一在太倉城中周涇橋，一在劉家港北漕口。宣德六年（西元一四三一年）正使太監鄭和王景弘，副使太監朱良、周福、洪保、楊眞、左少監張達等刊立通番事蹟碑記於劉家港天妃宮。明陸昶次倪尙書天妃行宮云：

海門一水連三島，玄宮獨數靈慈好，文皇在御賜褒崇，金額煌煌綵雲繞。蒼松樹古偃虬龍，翠竹叢深棲鳳鳥，灑落可有仙人居，層城十二淸風曉。洞門深鎖碧窗寒，滿地落花香不掃，一山高疊靑峨峨，玲瓏妙奪天工巧。羽仙雙瞳秋水光，遐齡直與天地老，金母曾分似盎桃，安期常啖如瓜棗。我亦玉皇香案吏，胸次廓落機心少，錦袍天上承恩歸，自喜平生事應了。培塿西窺秦華卑，盃盂東視滄溟小，何時同醉碧桃春，浩歌一曲眠芳草。

又楊維楨天妃宮云：

海國神風撻可呼，緣林邀福苦相紆，片帆尙借周郞力，護得靑龍到直沽

又王寵黃太倉汝爲宴天妃宮二首云

巖邑表東海，名候握蕩衍，自公豐逸豫，延賞濫文儒。島日林間吐，潮流天外紆，平生慕靈氣，高嘯入蓬壺。

首夏藹淸暉，琪花應未飛，迥巒峙玉館，列桂肅金扉。琴作鸞皇語，雲飄龍虎衣，山公殊戀賞，不醉且無歸（明錢穀吳都文粹續集卷二十八道觀）。

(三)長樂之南山行宮南山寺及三淸寶殿　圖書集成云：「長樂南山三峯塔寺，在縣西隅登高山，宋崇寧間（西元一一〇二年）建。建炎間（西元一一二七年）造塔七級，明永樂十一年（西元一四一三年）重修。」（圖書集成方輿彙編職方典第一千四十卷福州府彙考祠廟）鄭和天妃靈應碑記云

；「長樂南山之行宮，余由舟師累駐於斯，伺風開洋，乃於永樂十年(西元一四一二年)奏建，以為官軍祈報之所。既嚴且整。右有南山塔寺，歷歲久深，荒涼頹圮，每就修葺，數載之間，殿堂禪室，弘勝舊觀。今春(宣德六年)仍往諸番，艤舟茲港，復修佛宇神宮，益加華美。而又發心施財，鼎建三清寶殿一所於宮之左，彫妝聖像，煥然一新，鐘鼓供儀，靡不具備。僉謂如是，庶足以盡恭事天地神明之心。」則其規模之宏偉，亦可知矣。

(四)泉州之天妃宮　圖書集成云：「天妃宮在郡城(泉州)德濟門內。神本林姓，世居莆陽之湄州嶼，父林愿，天妃其第六女也。生有祥光異香，長能乘席渡海，常乘雲遊島嶼，人呼曰龍女。宋雍熙四年(西元九八七年)九月二十九日昇化，後人見朱衣飛行水上。天聖間立廟莆之西山，賜額曰順濟。泉州建宮，自宋慶元開始。時羅城尚在鎮南橋內，而是宮適臨語浦之上，當筍江巽水二流之匯，有禱輒應。永樂五年，使西洋太監鄭和奏令福建鎮守官重新拓之而宮宇益崇。」(圖書集成方輿彙編職方典第一千五十卷泉府部彙考祠廟)豈鄭和因至泉州行香，故奏建此宮歟？

(五)南京之靜海寺　靜海寺在南京下關儀鳳門(今興中門)外，為明永樂間鄭和下西洋時所建築，所以表示「海晏河清」「太平盛世」之意。靜海寺規模宏大，有三宿岩、潮音閣諸勝跡。圖書集成云：「靜海寺在儀鳳門外，盧龍山之麓。明永樂間命使海外，風波無驚，因建寺賜額靜海寺。中有危石，下空洞，相傳虞允文三宿於此。有宋人題字於上。是時石臨江滸也。潮音閣傑出殿表。寺有禮部侍郎楊廉重修碑。」(圖書集成方輿彙編職方典第六百六十一卷江寧府部彙考祠廟)據西洋通俗演義云：「奉聖旨：大元帥（指鄭和）勤勞，着工部擇地建立香火，勅賜靜海禪寺一匾額，後來靜海禪寺建於儀鳳門外，有篇重修碑可證。」（西洋通俗演義第一百回）所謂重修碑，卽楊廉所撰，采入金陵梵刹志內，碑石久佚。祠今尙存，面臨街道，離長江半里許，寺院規模，雖非其舊，尙有可觀。

（六）爪哇之三保公廟　羅井充南洋旅行記云：「三保公是南洋土人最敬崇的人，也是最敬重的神，所以他的神話很多。譬如邦加地方海邊有一塊大石，石上面有一塊凹形，好像一個頂大的脚印，大家便說這一塊石頭呀，是當初三保公從這裏經過時，看見這地方好，便站在這石上，使了點法，頓從海中長出一個島來，這便是現在的邦加島。在他以前，這裏還是一片海水呢？他在石上站重了，所以印下了一個脚印。離這石頭不遠的海中，有一根木桿，不知是甚麽時候留下的，大家便又說這是當初三保公繫船的桿兒。你想好玩不好玩？爪哇有個地方，叫做三寶壠，那裏還有三保公廟，這却是眞的。」（南洋旅行記二〇三保公）

（七）暹羅之三寶廟　張燮東西洋考云「三寶廟在第二關，祀太監鄭和。」（東西洋考卷二暹羅形勝古蹟）明史暹羅傳云「其國有三寶廟，祀中官鄭和。」（明史卷三百二十四外國傳）暹羅三寶公之廟，雖有多處，而正廟僅二座，一在舊都大城（Ayuthia），一在新都曼谷（Ban kok）。據楊文瑛云：「大城爲前朝舊都，居湄南河之北，爲三大河匯聚之區。在昔有四百年之繁榮，名勝古蹟極多。三保公之舊廟亦在焉。神像極偉大莊嚴，人民時往參拜，甚敬信之。」（暹羅雜記第三地理類大城說略）又云：「暹之舊都，原在大城，鄭王遷網鑾。今朝一世，因王宮接近河洋，時虞崩坍，故建都曼谷，築鄭王陵於此。近陵有寺曰越晉，故咸稱其地爲越晉，或稱鄭天塔，鄭王陵居於網蠻港之左，三保公廟在港之右，今朝一世王銅像及紀念橋適當港口下游。此三大工程，先後興築，不謀而合，恰成鼎足之勢，誠壯觀也。後之人過此地者，追思前哲，感當何如」（暹羅雜記第三地理類鄭王塔）？沈厥成南洋地理云：「盤谷市中隨處接觸吾人眼簾的，就是多數的佛宇。那些五彩的高塔，矗立市街，光輝照耀，眞使人目眩神迷。尤其是鄭塔，寶塔數座高聳入雲，都用中國細瓷砌成，工程浩大，眞是鈎心鬥角，極盡藝術之能事。暹羅人稱爲最高最美麗的塔。相傳這塔係紀念建都盤谷的鄭昭的。還有三寶禪寺，是華僑紀念三保太監鄭和而築，其中石刻塑像，和畫棟雕梁，也很有藝術上的價值。（南洋地理第二篇後印度半島盤谷的寺院和僧侶）則曼谷之鄭和廟宇，壯麗過於大城，但其建築在於清代，故東西洋考及明史所稱鄭和廟，似指在大城者而言。

（八）暹羅之三寶寺塔　陳倫烱南洋記云：「相傳三寶到暹羅時，番人稀少，鬼祟更多，與三寶鬥法勝，許居住一夜，各成寺塔。將明，而三寶之寺，未及覆瓦，視鬼之塔已成，引風以倒之，用頭巾頂插花代瓦幔覆，今其塔尙側。三寶寺殿，今朽爛，纜繩猶存於屋瓦。洋船於頂桅上加一布帆，以提吊船身輕快，爲頭巾頂。又於篷頂之旁加一布帆，以乘風力，船無欹側而加快爲插花。」（小方壺齋輿地叢鈔第十帙）

（九）暹羅之禮拜寺　東西洋考云：「禮拜寺，永樂間鄭和所建。寺甚宏麗，佛高與屋齊。」（東西洋考卷二暹羅形勝古蹟）

（十）暹羅之西塔　東西洋考云：「西塔，其塔無合尖。聞夷人初建塔功成，鄭和令削去之，後屢緝不能就。」（東西洋考卷二暹羅形勝古蹟）

（十一）暹羅之錫門　東西洋考云「錫門華人出入必經之處，鄭和爲建阜楔匾曰天竺國。」（西洋攷卷二暹羅形勝古蹟）

第三節　物品方面

鄭和出使期間，關於物品之遺留，可分爲下列數項言之：其一爲觀音羅漢等像，若南京進獻之觀音聖像，南京靜海寺之水陸羅漢像，南京碧峯寺之沉香羅漢等是。其二爲珍奇之物，若南京皇城內之佛樂，太倉天妃宮之返魂香等是。其三爲特種植物，若南京靜海寺，太倉天妃宮之海棠，南京永寧寺之薝蔔花，南京皇城天界寺報恩寺之五穀樹，台灣之三寶薑等是。其四爲應用物件，若玉溪鄭和受賜之羽葆幢蓋，南京鍾山書院之鐵矛，淮安淸江浦之鐵錨，太倉海寧寺之鐵釜，台灣之銅鈴，下港（順塔）之石椗等是。玆分列如次：

（一）南京之觀音聖像　鄭和家譜云：「南京進獻香雕緞裹漆觀音聖像三尊。」李士厚君云：「和使還進獻之物。」（鄭和家譜考釋）

（二）南京靜海寺之水陸羅漢像　圖書集成云：「靜海寺有水陸羅漢像，乃西域所畫，太監鄭和等攜至。每夏間張掛，都人士女，競往觀之。」（圖書集成方輿彙編職方典第六百六十七卷江寧府部紀事)。

(三)南京碧峯寺之沉香羅漢像　圖書集成云:「碧峯寺非幻庵有沈香羅漢一堂，乃非幻禪師下西洋取來者。像最奇古，香更異常。萬曆中，有人盜其一，僧不得已，以他木雕成補之。後忽黑夜送回前像，羅漢之靈異可推矣。」(圖書集成方輿彙編職方典第六百六十七卷江寧府部紀事)

(四)南京皇城內之佛牙　據明人增訂本大唐西域記云:「永樂九年(西元一四一一年)七月九日，鄭和至京師，皇帝並於皇城內莊嚴栴檀金剛寶座貯之(指佛牙)，式修供養，利益有情，祈福民庶，作無量功德。(大唐西域記卷十一)按瀛涯勝覽錫蘭條云:「佛寺內有釋迦佛，混身側臥，尙存不朽，又有佛牙幷活舍利子等物在堂。」(瀛涯勝覽校注錫蘭)此云佛牙，當係由錫蘭取回者也。

(五)太倉天妃宮之返魂香　圖書集成云:「太倉州劉家河天妃宮，永樂初建，以僧守奉香火，一日，僧自外歸，見廚鍋湯沸中二卵將熟，則行童攫之鶴巢者，僧命還巢中，且云固無生理，但免鶴悲鳴爾。後數日，忽出二雛，僧怪之，令僕探巢，見一木尺許，紋成錯錦，香氣甚郁，僧取供佛前，後倭國貢船因風打收港，登岸，入寺拈香，見佛前木，問僧買。僧紿香是三寶太監供天妃者，能蓋造後殿天妃閣則與之。倭曰:『我是貢使，那可留願。』酬以價，因與白金五百兩。僧得厚利，遂與之。去後數年，倭人復入貢，說前僧已故，因留金作享。其徒詢所取香是何物?曰:『此仙種，名返魂香，焚之死人魂復返，聚寶山所出。』」(圖書集成方輿彙編職方典第六百八十八卷蘇州府部外編)又姚駰元明事類鈔亦引客座新聞云:「永樂中，劉家河天妃廟一日僧外歸，見鼎中二

（統）

巳熱，令還之。」曰：「不望其生，但免鸛之悲號耳。」後數日，忽出二雛，探其巢，得一木，五彩如錦，香風馥郁。有倭人見之驚曰：「此聚窟洲返魂香也。」（元明事類鈔卷三十七）所謂返魂香，殆卽鄭和下洋時所採無名寶物之一歟？

（六）南京靜海寺之海棠　顧起元客座贅語云：「靜海寺海棠，云永樂中太監鄭和等自西洋攜至，建寺植於此，至今猶繁茂，乃西府海棠耳。」（客座贅語卷一花木）起元，萬曆間進士。明黃姬水西域海棠詩云：

仙觀臺荒蔓草中，海棠一樹太憎紅，可憐亦是星槎物，不學葡萄入漢宮（元明事類鈔卷三十三太憎紅）。

（七）太倉天妃宮之海棠　圖書集成云：「太倉州天妃宮西域海棠，明永樂中中使鄭和攜歸所植。」（圖書集成方輿彙編職方典第六百八十三卷蘇州府部彙考古蹟）此種海棠，與南京靜海寺所植，俱自西洋攜歸，當爲同種，所謂西府海棠者也。

（八）南京永寧寺之薝蔔花　談遷棗林雜俎云：「牛首山鄭太監彊墓有薝蔔花。」（棗林雜俎卷下薝蔔花）周暉金陵瑣事云：「白雲寺，一名永寧寺，在鳳臺門外，與牛首山相近。太監鄭彊葬地，墳旁多名花異草，有薝蔔花一叢，迺三寶太監西洋取來者。」（金陵瑣事卷一薝蔔花）薝蔔花或云一名梔子花，六出，有千葉者，呼玉樓春。

（九）南京皇城天界寺報恩寺之五穀樹　周暉金陵瑣事云：「五穀樹有二株，一在皇城內，一在

報恩寺，不但結子如五穀，亦有似魚蟹之形者，乃三寶太監西洋取來之物。」（金陵瑣事卷三五穀樹）

王友亮（葑町）五穀樹詩序云：「五穀樹，明太監鄭和自西洋歸所植，一天界寺，一報恩寺」其詩云：

虛名贏得老僧誇，雙樹移來自海涯，結實幾番占歲稼，盤根萬里逐星槎。流芳絕勝蒲桃種，分蔭還篭蔔花，惆悵琳宮經劫後，更無春雨長新芽（金陵雜詠）。

（十）台灣之三寶薑　王士禎香祖筆記云：「台灣鳳山縣有薑名三寶薑，傳明初三寶太監所植，可療百病。」（香祖筆記卷二）

（十一）玉溪鄭和受賜之羽葆幢蓋　李士厚君鄭和家譜考釋云：「和之後今在玉溪石狗頭村，儀廷將軍謂余：其家尚存和時受賜羽葆幢蓋，鄉里慶典，張之為榮觀。余觀家譜抄本永樂敕諭末尾年月左右有小字曰敕命之寶，疑和家尚存青紙，原測鈐有璽符者。儀廷將軍有赴玉訪問之約，倘五百年故物復出，表而彰之，則三保有知，當驚知己於千古矣。豈徒新人耳目哉。」（鄭和家譜考釋）

李君之為此言，在民國二十五年，今不知訪得否也。

（十二）南京鍾山書願之鐵矛　清金鰲金陵待徵錄云：「鍾山書院鐵矛，或以為鄭和遺物。按應天志坊廂有鐵矛局坊，書院為前明鐵廠鼓鑄之所，兼及鐵冶耳。石頭城外臥地之矛甚多。」（金陵待徵錄卷十）所謂鐵矛，節鐵錨，為繫船之具，以鐵為之，首尾四角叉，或左右分為兩歧，貫以鐵索，投水中使泊定者。

（續）

（十三）淮安清江浦之鐵錨　嚴從簡殊域周咨錄云：「按七修類稿載淮安清江浦廠中草園地上有鐵錨數枚，大者高八九尺，小亦三四尺者，不知何年之物？相傳永樂間三保太監下海所造。雨淋日炙，無點髮之銹，視之眞如銀鑄，光澤猶日用於世者。愚意此必良鐵爲之，故其色精瑩如此。觀一物之堅巨，而他物可推矣。其功費之靡濫，何算也。」（殊域周咨錄卷七占城）此等鐵錨，與南京所存者，當相類似也。

（十四）太倉海寧寺之鐵釜　圖書集成云：「鐵釜舊在州（太倉）東門外造船廠，今移置海寧寺．相傳通番煑餞鹽用者。闊六尺三寸五分，高四尺三寸五分，口圍二十尺，腹圍十七尺，邊闊九寸七分，厚二寸四分。」（圖書集成方輿彙編職方典第六百八十三卷蘇州府部彙考古蹟）則此釜在清雍乾間尚存在也。

（十五）台灣之銅鈴　東西洋考云：「雞籠山淡水洋在彭湖嶼之東北，故名北港，又名東番云。居島中，不善舟，且酷畏海，捕魚則於溪澗，蓋老死不與他夷相往來，永樂初，鄭中貴航海諭諸夷，東番獨遠竄不聽約，家貽一銅鈴使頸之，蓋擬之狗國也。至今猶傳爲寶，富者至掇數枚。曰：「是祖宗所貽云。」」（東西洋考卷五雞籠淡水）

（十六）下港（順塔）之石椗　東西洋考云：「石椗相傳是鄭和所遺者，重只百斤，二十餘人抬之不起。及徙置他所，瘟疫甚多，國王乃移還其處。」（東西洋考卷三下港形勝名蹟）

第四節　風俗方面

鄭和出使期間關於風俗之傳說，可分為下列數項說之：其一為食吃之傳說，若爪哇之吃流連禁食等是。其二為汲水之傳說，若暹羅之水浴，天方井水之汲灑等是。茲分列如次：

(一)爪哇之吃流連　流連為一種果實，產於南洋。王大海海島逸志云：「流連樹如羊桃，實大如柚，剖之肉顆顆如鷄蛋，色白有核，其香濃濁不堪，婦人嗜之，華人且掩鼻而過焉。」(小方壺齋輿地叢鈔第十帙)羅井光南洋旅行記云：「有一天，三保太監拉了一泡尿，盛在鞋子裏，用鞋子蓋着，拿繩子紮緊，掛在樹上。土人們看見了，很奇怪，便問他這是甚麼東西？他有心騙他們，便又說謊道：『這是一種頂好的菓子，叫做流連，頂好吃。』說也稀奇，這泡尿被他這一說，果然變成了菓子。土人們摘下來吃了，還很誇贊它的味道好呢。據說這便是流連的來歷，所以流連好比尿一樣的臭。」(南洋旅行記二〇三保公)洪煒堂傳述關於流連之故事云：「榴蓮這果子的異味，初到南洋的同胞，嗅着都說是臭尿味，於是有一段神話，說這是我國明朝的時候，三保太監到爪哇去，爪哇的番人，不知有甚得罪他老大人，於是三保太監就不客氣地把大便撒在榴連的樹叢邊，就此以後，所有南洋的榴蓮，都變成臭尿味了。」(民國十七年九月五日時事新報靑光從榴蓮神話說到洗手)此亦為南洋一帶習俗之附會，而托諸鄭和者也。

(二)爪哇之禁食　南洋旅行記云：「南洋地方的人，看見他(鄭和)有這樣的本事，大家都拜服得了不得，不把他看做一個人，却將他看做神。凡是他說的話，無論怎樣，大家都完全相信。他看見士人們太愚蠢，太沒用了，想了一個計，想把他們害死，便告訴他們道：『人到了新年前的一個月，决不可以吃飯，一定要餓。這樣，將來死了到「陰間」去才有飯吃，才有幸福。』士人們聽了果然照着辦，三保太監自己也一樣的不吃飯，可是到了晚上，他却偷着吃。有一晚，偶然不小心，被士人看見了，便問他道：『我們不可以吃飯，爲甚麼你又可以吃？』他沒有話說，只得說慌道：『只有白天不可以吃，晚間不要緊。』所以從那時候起，直到現在，士人們在這過年之前一個月，還是禁食，白天抓着肚皮餓，晚間拚着命吃，叫做掛紗。」（Koeasa）（南洋旅行記二〇三保公）

此爲回敎徒之習俗，而加以附會者也。

（三）暹羅之水浴　陳倫烱南洋記云：「暹羅番病，每向三寶求藥，無以濟施，藥投之溪，令其水浴，至今番人唐人，尙以浴溪澆水爲治病。外洋諸番，以漢人呼唐人，因唐時始通故也。」（小方壺齋輿地叢鈔第十帙）楊文瑛暹羅雜記云：「南洋所稱三保公，卽明成祖皇帝之宦官鄭和也。華暹人士，皆極崇拜。因人心信仰過深，有數事堪令人發噱者：如婦人分娩後，赤身臥板上，烘火數日，口渴則飲冷鹽水，雖盛暑亦然，不如是則多生疾病。烘火時最忌人問『熱乎？』『苦否？』小孩初生，每日必浸冷水數次，直至面白脣靑始抱起。婦人抱子睡，必念不堪入耳之催眠歌，叩其故，則曰。『此皆三保公所敎也。』華僑生長溫帶，驟移於熱地，不耐其炎威，故早晚必淋冷水百數十盆，自頂而下，以減其熱氣，理固然也。新加坡更近赤道，華僑之淋水，較暹羅又多，偶有身體虛弱，因冲冷過甚而生種種疾病者，雖至腰酸腹痛，寒象顯然，老華僑尙曰：『華人淋水，乃三保公所教，必遵守勿違，你淋浴不力，故有是病也。』幸而得遇知醫者，勸以停止淋水，稍服溫藥得告安全。不幸者誤聽老僑民教訓，始終不敢放棄淋水工夫，恐違三保公之命，直至一病不起者，亦所在多有，良可歎也。瓊島地方已入熱帶，往暹水程較潮州近二日，故其人至暹少淋水，或全免者，亦曰『此三保公赦免之。』謂『當日三保公到暹，曾教瓊人不須淋水故也。』每年九十月。川濱洪水來，江河皆漲，水味淸淡，人多預貯缸中，以備水鹹時之用。而必於十月十五日爲佳，謂之「聖日」。咸謂『每年此日，三保公必下藥於江河，若在此日汲水，可久藏不壞。』暹人尤信之，至十五之夜，家家汲水。諸如此類，紀不勝紀。至其不近人情者，皆屏棄不錄。大抵凡事物之不明其理者，不曰三保公所教，則稱三保公所爲。敬信之深，於此可見矣。此種信心，牢不可破。甚有謂三保公聖口者，好害憑其所言。其教暹婦烘火，小兒浸水者，意欲害之，而反益之，因當時曾說『烘火則好』『浸水則好』，因有此好字，故數百年來，未有因烘火浸水而損傷者。聞此等見解，南洋各地皆有之，若則是老華僑之知識可知矣。當年南洋土人之敬信三保公更知矣。」（暹羅雜記第五史事類三保公）

（四）天方井之汲灑　姚覲元明事類鈔引明史稿云：「天方國有一井，水淸而甘，泛海者汲以行。遇颶風，取水灑之卽息。鄭和使西洋所傳也。」（元明事類鈔卷二灑颶風）瀛涯勝覽天方條云：「司馬儀聖人之墓後有一井，泉水淸甜，名阿必糝糝，下番之人，取其水藏於船邊，海中倘遇颶風，卽以此水灑之，風浪頓息。」（瀛涯勝覽校注天方國）

補遺

余於民國二十四五年間從事於鄭和出使記長編之搜輯，已成四五鉅册，圖表亦頗豐富。首都淪陷，全帙盡失，甚爲可痛。三十二三年間，就蜀中所有材料，撰成「鄭和」（勝利出版社印行）及「鄭和遺事彙編」兩書，而頗嫌闕漏。三十四年秋，抗戰勝利，重蒞首都，檢舊藏書籍，所存尚多。因重加補綴，得三十則。顧原稿排校已畢，不便插入，爰列於後，作爲補編云。三十六年三月一日編者誌。

（一）三寶太監之命名　三寶命名，莫悉其由來。清褚人穫（學稼）堅瓠集云：「七修類藁：永樂丁亥，命太監鄭和、王景弘、侯顯三人往東南諸國賞賜宣諭。鄭和舊名三保，故云三保太監下西洋。碣石剩談云：三寶太監者，雲南人也，相傳下海時一人忽癩，乃棄於岸側。其人夜見大蛇下岸飲水，恐爲所傷，削竹置所經處，蛇腹裂死。因飢，斫樹爲柴，烹蛇而食，其柴每烟起則九鷺飛翔，遂藏之不焚，癩亦因食蛇而愈。蛇潰得珠數斛，中有夜明珠。後太監回，其人呼與共載，乃獻夜明珠，九鷺香，並太監所得一寶，共爲三寶云。」（堅瓠七集卷一三保太監）三寶或作三保，溫雄飛南洋華僑通史云：「明太祖定制，宦官不准預政事，且僅置百人，以供驅使。迨建文即位，成祖稱兵內犯，內監均縋城出，投成祖軍，密報南京虛實，成祖大喜，故即位之後，重用宦官，各大事均派太監爲之。然三保太監之名目，不見於制度，僅於明史本傳內鄭和雲南人之下，緊接世所謂三保太監者一句，可知三保太監並非太監官銜，乃民間一種傳說。當時太監之奉使出洋者，不止鄭和一人，尚有侯顯、尹慶、王景宏、張興、馬麒、馬靖等，而其聲勢最煊赫者，實推鄭和、侯顯、王景宏三人，故謂之三保太監云：」（南洋華僑通史第十一章三保太監下西洋）褚溍兩說，皆爲臆測之辭，其實三保一名，係當時一種泛稱，鄭和而外，尚有內官三保、楊三保、王三保等，不爲鄭和之專名。詳拙編鄭和第一章第一節三保條。（勝利出版社出版之中國歷代名賢故事集第二輯。）

（二）雲南玉溪之回敎徒　鄭和爲回敎徒，其後裔住雲南玉溪之石狗頭村，則玉溪之回敎情形，亦值得吾人之注意。民國二十六年馬旭初雲南玉溪的回民概況云：「玉溪位於滇省東南部，距省垣約一百八十里許，爲滇省一等縣分。出產豐富，人口稠密，近年敎育亦頗發達，交通方便，公路業已修通，乘汽車二小時卽可直達昆明。故文化較開，大非昔比了。玉溪的回民，約有一千數百戶，散居於十一個村落中。有的回漢雜居，如桃營、中所營、北城、州城、石狗頭等是也，有的純係回敎人獨居，如大營、西營、東營、棋樹營、大灣、馬鹿塘等是也。清眞寺有十一座，其中以大營的爲最大。關於各清眞寺的歷史，我不大清楚，然大都於元明清三代時建立。其中如北城大灣清眞寺，則於民國建立。各清眞寺均有不動產，不過因其地方的大小，而有多寡之分。地方大，公款殷實的地方，如大營、西營、東營、北城等處，均附設有高級阿文班，供給海里凡讀經；地方小的如棋樹營、中所營、石狗頭、馬鹿塘、大灣、州城等處則無之。但有一點，無論大小清眞寺，都很一致，卽寺中均有一堂小學是也。此種小學，專授阿文，故阿文甚爲普及，只要是回民，沒有不會念阿文經典的。玉溪的回民，大多數是務農，當此農村破產之際，敎民的生活，受到重大的打擊。如自己有田，自己耕食，還可勉強度日；若夫一般佃農，胝手胼足，辛苦一年，終不能自給自足，言之實屬堪憐！其次經商的，做手藝的，亦復不少。但一般回民，大都小本經營，不過僅餬其口罷了。在數年前，玉溪的回民，比較有希望的生產，爲往緬甸營商，近來受世界經濟恐慌的影響，此途亦很走不通了。」（禹貢半月刊第七卷第四期各地回民狀況雜記）可見鄭和雲南故鄉之現狀。

(三)南京之回敎徒　南京回敎徒，占全城人口十分之一二，散處於中華路一帶。同治上江兩縣志云：「城中人八方蝟集，元時有南人、儒、弓手、醫、財賦、佃、貴哈喇赤、民軍、急遞、鋪夫、匠水、馬站、北人、色自、蒙古、畏吾兒、回回、匠馬、契丹、漢人、軍民二十三等，五萬九千五百六十五戶，而無丁口，今惟皖鄂兩省人居十之七，回回戶又居土戶三之一。自散處各街巷外，凡上下浮橋、七家灣、牛頭巷至旱西門，皆其族也。」（同治上江兩縣志卷七食貨）陳作霖（伯雨）上元江寧鄉土志云：「回回敎出於阿剌伯，自隋開皇中撒哈撒阿的幹思葛始入中國，元時征服印度，種人列於蒙古之次。漸流徙於江南。其徒曰江寧敎門，有改團、買桀、哈達諸姓，散居於石城、三山二門之間，七家灣、下浮橋二處尤多。所建淸眞寺（俗謂之禮拜寺），亦分地段，皆以阿渾（俗謂之老師父）主之。敎門人性最剛勁，喜拳勇，結交羣少年，動以豪俠自矜。回族之居江南，已數百年，仕宦如伍蔡諸氏，婚喪禮俗，皆與華同，其餘則守其本敎，不肯稍變，於四民中最善賈，凡售玉器氈皮諸貨，下至糕餅茗荈，率爲其人，蓋居齊民中十之一二云。」（元寧鄉土志卷五回回敎）鄭和子孫，卽住南京中華路一帶地方。正統天順間，尙有盜賣龍江船廠桌地之事件。

(四)南京之淨覺寺　俗名禮拜寺，卽鄭和題請爲其子孫居住之所。陳作霖涇瀆橋道小志云：「草橋者，北乾道橋之俗名，東爲打針巷。(原注：東通評事街)巷北有禮拜寺，回民之所奉也。自草橋以至七家灣，半爲回民所居，故有是寺。」(金陵瑣志)陳詒紱鍾南淮北區域志云：「穿驢子市三山街口，街北有淨覺寺。明西域人伍儒入中國爲欽天監官，居南京，建此寺於宅旁，俗呼爲禮拜寺。洪楊亂後重修，規模狹於舊時矣。」(續金陵瑣志)陳作霖金陵通傳云：「伍儒字德全，其先西洋人，精歷術。明洪武中，徵儒授刻漏科博士，命占籍上元，賜第古天津街後。屢掌欽天監事，樂善好施，捨宅爲回回寺，敕額淸眞。」(金陵通傳十)考淨覺寺初建於洪武二十一年，重建於宣德五年，宣德以後之建修，無碑志可證。今所存者，則爲洪楊以後之建築物，在建康路三十一號。存禮拜堂一座，五大間，廳堂一座，三大間，院落中平房三排，共九間，有水房廚房之屬。禮拜堂後有高牆一座，相傳爲明代所建，係南京最高之牆壁，甚爲堅固。據云南京未造洋樓前，此牆在鼓樓卽可望見，爲著名之古蹟。堂四周圍牆極高，其左側堂後一牆上刊石云：「淸光緒丁丑叁年桂月重建同人恭立。」又左側堂東一牆上刊石云：「淸光緒乙卯五年巧月重建同人公立。」禮拜堂內左側有宣講台，正中左右柱各書「謹言」二字，中有回文匾額。堂前正中有宣統元年十月署湖北鹽法武昌道金鼎立「敎本精誠」額。有陳還書聯云：

斂於事愼於言就正有道

誦其詩讀其書尙論古人

左有光緒九年仲春月九江鎮總領朱滙森立「至誠無息」，光緒十五年朱滙森立「物體不遺」兩額。右有光緒九年小陽月蔡金章立「華西一體」，光緒三十一年八月統帶督標水師伍殿梁立「源遠流清」兩額。堂前爲廳堂，廳後有宣統元年季春月曹州府范縣知縣楊沂立「恪遵三畏」額。廳內正中有額，書明太祖御製至聖百字贊。前有民國十一年六月南京回教聯合會立「正心誠意」額。今除禮拜堂外，爲求實高級會計職業補習學校及回教青年月報社所租用。

(五)南京之鄭和墓　同治上江兩縣志云：「牛首山在江寧城南三十里。建康志：周迴四十七里，高一百四十丈，本名牛首山，佛書所稱江表牛頭是也。有太監鄭和墓。永樂中命下西洋，宣德初覆命，卒於古里，賜葬山麓。」（同治上江兩縣志卷三山）陳作霖金陵物產風土志云：「牛首山鄭太監墳，卽鄭和埋骨處也。植紅豆樹一株，幹葉作碧綠色，結實如紅豆。予幼時猶及見之，今俱濯濯然矣。」（金陵瑣志）案牛首山鄭和墓，係鄭強墓之誤，以鄭強亦爲守備南京司禮太監也。朱偰金陵古蹟圖考云：「守備南京司禮太監鄭強墓，（原注圖一〇〇——一〇二）在中華門外牛首山北高家庫，一稱御碑亭，當京秣公路旁。墓有石坊一，華表一對。左爲御碑亭，碑尚存。右另一碑，今亡，僅餘龜趺。墓在碑亭後山坡上，築有圍牆，今存。」又云：「志書記載所及，尚有太監鄭和墓，（在牛首山麓）累訪不得。」（金陵古蹟圖考第十章明代之遺蹟）侯鴻鑑南洋旅行記云：「三保洞旁有一墓，乃明王景宏之墓，當時鄭和王景宏遊南洋，王卒於此，故葬之，誤傳爲三保大人埋骨之地。」（南洋旅行記卷三）然則鄭和之墓，尙無確實之地點可稽。

(六)南京之龍灣　宋史岳飛傳：「建炎四年兀朮趨建康，飛設伏於牛頭山待之。兀朮次龍灣，飛以騎三百，步兵二千，馳至新城大破之。兀朮奔淮西，遂復建康。」(宋史卷三百六十五)顧祖禹讀史方輿紀要云：「靖安鎮在江寧府西北二十里，本曰龍安鎮，以鎮有龍灣也。宋曰靖安。建炎四年，金人焚掠建康，自靖安度宣化而去，岳飛邀敗之於靜安鎮。既而兀朮爲韓世忠所扼，乃鑿老鸛河故道通秦淮，飛復敗之於牛頭山。兀朮進次龍灣，飛營於南門新城，與戰又敗之。兀朮遂自龍灣出江，又爲韓世忠所敗。新城一作新亭，龍灣即靖安也。呂氏祉曰：靖安與眞州宣化鎮，分江爲界，自宣化至盤城竹墩上下瓦梁，乃泗州之間道，其斥堠戍守，不可不嚴。有靖安河，亦取道眞州之徑也。元置龍灣水站，明初陳友諒突犯金陵，太祖命康茂才守龍灣即此。志云龍灣在府北十五里。」(讀史方輿紀要卷二十江南二)同治上江兩縣志云：「金陵岡本曰靖安鎮，宋岳飛邀敗金宗弼處也。鎮有龍灣，元置龍灣水站，亦曰龍安鎮，相傳即秦瘞金人處。」(同治上江兩縣志卷三山)陳作霖上元江寧鄉土志云：「建炎四年五月壬子，金人焚建康，掠人民財物，欲自靖安(在草鞋夾以下)渡宣化(今六合江口)而去，飛又敗諸龍灣(即龍江今下關是也)。」(上元江寧鄉土志卷二)則龍灣之地，自昔爲軍事要區。

(七)太倉之劉家港　嚴如熤洋防輯要云：「劉河在太倉城南，自崑山縣流入境，又東南七十里爲劉河口，即古婁江入海之口。自此抵崇明百二十四里，爲海濱要害。元人海運繇此入海。泰定初，周文英言水利首請濬劉家河以達吳淞江下流。至正十四年，方國珍以海舟來犯，入劉家港，董摶嘗敗却之。明初亦嘗繇此漕粟泛海，抵北平遼東。永樂初夏原吉議濬劉河，以分引太湖壅水，既又遣中使鄭和出劉河使海外諸國。河口有天妃宮，宋南渡後，置水砦於劉河港口，元人置分鎮萬戶府於江北岸，又於南北岸各立萬戶府，凡三區。洪武七年，罷萬戶府，置巡察司之。正統初，金山倭警。撫臣周忱等以港口爲吳地襟喉，乃設劉家港營，增置此石栅，撥兵戍守。舊時水勢深通，海舟高艘，揚帆直上，萬歷以後，港爲潮沙壅積，僅存一線矣。」（洋防輯要卷五江南沿海輿地考）弘治太倉州志云：「劉家港，婁江尾也，在州東一百里。南連因丹涇，西接半涇，東流出大海。又按朱氏崑山續志云：自婁門歷崑山縣以東直達於海者，皆爲婁江，俗呼爲劉家港云。」（弘治太倉州志卷一山川）又云：「諸番之國南海陰，島居卉服侏儒音，雕足椎髻金繫齱，獷鷙如獸那可馴。巨艘萬斛檣林林，夏秋之間來自南，象犀翠羽珠貝金，蘇合薰陸及水沉。三邊擾攘興甲兵，梯航梗阻民弗寧，重臣分閫號令申，殊方慕義相附親。呵叱鯨鯢驅鯤鯨，海不揚波如砥平，婁東太倉吳要津，襟帶閩粵控蠻荊。賈胡夷蜑貢贄琛，關譏互市十一征，撫綏覆育德澤深，云云，此袁子英送市舶官詩語也。讀之可以想見當時之風景，故志之。」（同上卷九雜誌）可見明初太倉劉家港一帶國際貿易繁盛之情形。

（八）長樂之太平港　乾隆長樂縣志云：「太平港在縣西半里許，舊名馬江。明永樂七年，內寺鄭和使西洋，海舟皆泊於此，因改今名。」（乾隆長樂縣志卷三港）讀史方輿紀要云：「馬頭江在長樂縣城西北半里，自閩縣流入境，江面益闊。又東北與大海相接，波濤震撼，乘舟入郡，常虞風潮之阻。志云由縣城西北入馬江曰太平港，舊名吳船頭。相傳吳王濞造船處，似誤。蓋吳越遺兵入閩，嘗泊舟於此也。明朝永樂中太監鄭和由此入海，改曰太平港。」（讀史方輿紀要卷九十六福建二。）

（九）長樂之十洋街　乾隆長樂縣志云：「十洋新街在縣前直下百步許，街如十字，因名。明隆慶六年，知縣蔣以忠砌築，東抵興賢坊，西通射圃，南經所憩亭出南門達永寧橋，知縣夏允彝有記。」（乾隆長樂縣志卷二街）又云：「十洋通衢坊在十洋街中，舊爲十洋門，久廢。明隆慶知縣蔣以忠因築十洋新街，遂建此坊。坊有四面，其中總題曰十洋通衢，北曰聯科狀元，爲馬鐸李騏立；南曰累世名卿，東曰兄弟文宗，爲陳瑞陳省立；西曰父子解元，爲林賜林僑立，基存。」（同上坊表）又云：「永樂十年壬辰，首石山鳴。讖云：首石山鳴出大魁，十洋成市狀元來。是年山鳴，適三寶太監駐軍十洋街，人物輳集如市。是科邑人馬鐸狀元及第，戊戌又鳴，邑人李騏亦狀元及第。」（同上卷十祥異）蔣以忠十洋街記云：

余令長樂四載矣，邑諸隳漸次興，悉以身任，弗諱奪也。縣治前十洋街爲中央孔道，邇建城，路仍故，未甃以石。其東抵興賢坊，西入射圃，久汙陷，值淫霖，泥潰深數尺，民病焉。其直南又從斜徑遶出城門，履水草中，弗堪。輿人跡鮮少，余間歷其地，輒念曰：「嘻，誰責乎，是實在余。」今年春，里中民數十輩來請治道。余曰：「令念玆久矣，而值帑虛，輒逡巡止也。是若何哉！」徐召入與縱橫論，址當侵稼地，奈何？僉曰：「負郭田畝斤金，卽夷爲大道，將列廛利貿遷，土可貴矣。倰何傷？」雖然，余爾任，無慝乎？對曰：「樂也，民聞經始，胥引領欣覩曠事，胡慝焉。」於是復博詳於文學士，對無異，乃會畫厥工役。余載捐俸，合士民輸助，徵傭僦程，延築汚營，止於南直東西兩路，民願自葺，聽之，遂以其羡搆亭南阪徯觀遊，榜曰所憩。引水爲渠，架石樑，夾直卉木，全城勝觀。民歡趨役，再閱月告成。余稽古橋梁道路，王政先也，有司多幸速遷去，不屑任勞，而或以少未便率於聽事，且格夫樂民篤謀而務成，易使而服上，余則安與爲矣。昔人云縣治猶一家，令主人也，門途久弗治，其子弟且鰓鰓慮以告，得晏然已乎。是舉也，協衆以貽永，即數百禩攸賴，余何勞之辭。又聞里老相傳，十洋成市，狀元來往，馬李二先生連魁天下，實應此讖。百餘年來，寥寥矣。今洋街聿新，商旅胥出途，市當再成。信斯言，士應魁必也，獨便民也乎哉。街東長三百丈，直南內外長四百丈有奇，中爲橋一，亭坊一，其費金不煩官帑云。（同上卷九藝文上）

（附）馬鐸李馬舉狀元事　乾隆長樂縣志云：「首石山在縣北巔，有石巋然高出二十餘丈，上廣數十步，中有竅泉，四顧見水，又名四水石。讖云：「首石山鳴出大魁」。明永樂壬辰鳴，壬戌再鳴，馬鐸李騏連應焉。明邑人劉則和詩云：

峻嶒首石鬱蒼青，未數南山與六平，自古地靈英傑出，高崗宜有鳳來鳴。（乾隆長樂縣志卷一山）

又云：「馬公鐸幼時，與林誌共學，誌恃學博材高，鐸獨不讓之。誌鄉會俱第一，殿試罷，遍扣諸名士之作，皆不己若，深以狀元自負。迨傳臚之夕，夢有馬踏其首，旣而馬果第一，遂怏怏不服，每欲上前爭之。上曰「朕出一對，佳者爲優。」題云「風吹不響鈴兒草，」馬卽對云：「雨打無聲鼓子花。」上大賞鑒。誌移時不能對，遂愧服。或云鐸赴京會試，見路旁有節婦塚壞，捐金修之。是夜夢一婦人謝以詩云：「昨日多蒙到妾家，爐中缺火未煎茶，郎君此去登金榜，雨打無聲鼓子花。」不知其意，至是始驗。李公馬永樂戊戌廷試第一人，御筆改爲騏，唱名，馬不知騏爲己。不敢應，上曰馬也，後出拜。上科狀元陳循有馬上插旗之夢，至是陳循又夢迎新科狀元，一木人騎馬上，執一令字黃旗，及傳臚狀元乃李騏，始知木人爲李，黃旗應御書其字也。見閩省賢書。」（同上卷十叢談）

（十）長樂之三寶巖（卽龍峯巖）　乾隆長樂縣志云：「龍峯岩在方安里，有石門洞，宋乾道中里人劉砥劉礪築精舍於其上，卽龍峯書院也。朱文公寓此，二劉師事之，大書讀書處三字，勒於石。後祀朱子及二劉。明洪武間（當作永樂間。）大璫三寶修葺，因名三寶岩。知縣潘府匾其堂曰海天山月。隆慶間，知縣蔣以忠謁祠，以三寶名不雅馴，易爲晦翁岩。蔣以忠記云：

長樂之北有龍峯，去縣治十里許。峯轉西有岩岑崿幽致，嶄然出雲漢之表，至其麓巨石峭爲門，折而入，峻壁危崖，松岈蘿磴，突兀左右，儼然天設。西賓太常諸峯，南鑑雙湖，東極滄溟之際，無遺矚，蓋一邑之偉觀云。里先輩劉砥者，與其弟礪，當宋乾道間，嘗築室讀書其上，屬晦翁朱子南遊至邑，二君從講學，留斯岩最久。其後縉紳君子，並起而張之，以翁過化地，昭昭在聽覩，引首咸肅然欽也，獨岩勝已哉。隆慶壬申八月，余政暇一往登臨，乃里人輒喚三寶岩，余問故？咸謂斯亭也，始內官三寶者創，故名。嘻，有是哉。龍峯以岩著，岩賴晦翁始顯也，名岩顧掩翁，乃崇一內侍，其胡以訓。亟命易題爲晦翁岩，且中令於里人，毋或仍故喚，作斯岩羞。或曰翁名在天下，岩寓跡也，翁名鐫此可乎？余則聞之，古君子達觀昭曠之外，神理所解，與象俱流，卽千百世後，望之可興起。今去晦翁未論幾何年，登斯岩也，覩靈境之獨殊，覺羣喧之就寂，想夫闡洙泗而集儒成，不覺爲之喟然興懷。至於海天寥廓，山月孤高，又想夫天光雲影，源頭活水之趣景，不覺爲之灑然超塵慮也。意翁之風旨，或寓於斯，其猶可神會也。卽蘇子謂海外有形語之國，口不言而相喻以形，岩形用也，慕翁者能以岩喻，其眞有所得矣。信翁之名，當與岩並傳之無窮也。又訪翁在岩時，曾作讀書處三大字，勒於岩，今隱隱滅矣，乃鄭司寇環浦復補書之，余爲琢石刻諸門內，以則朱子之所留，而又以明此山非黃冠緇流之所得有也。是爲記。

邑人陳亮三寶岩詩云：

洞門壁立與雲平，此日登臨萬古情，野鳥向人如有意，山花隨雨落無聲。仙壇草設春光晚，客枕鐘殘曉夢淸，此地由來可招隱，欲從林下解塵纓。

又馬鐸詩云：

三寶岩前宿瘴開，滄溟日色炤崔嵬，天香半襲瑤池草，花影全侵石徑苔。龍起黑潭千嶂合，鳳鳴陽德九霄來，（原注：岩有黑龍潭陽德峯）舉頭自覺蓬萊近，滿眼文星接上台。

又鄭憲詩云：（憲光祿寺丞）

仙旌九日訪層巓，岩上黃花散晚妍，雲捲松風迴石洞，霞明島日麗江天。秋來宋玉偏能賦，老去揚雄獨草玄，幽賞久乖纓弁後，碧山回首憶他年。（乾隆長樂縣志卷一岩）

又鄭憲三寶岩讀書處詩云：

山徑縈危石，重岩隱小亭，谷虛風浩浩，江迴日冥冥。古樹凋寒暮，晴峯麗晚屏，昔賢迴逸駕，千載仰儀型。（同上卷九藝文下。）

（十二）馬六甲之三寶城三寶井三寶山　宋蘊璞南洋英屬海峽殖民地誌略云：「三寶城建於馬六甲之山峯上，城樓雉堞，皆爲中國式。審查其建築年月，當在明成祖二年。（案鄭和首次南行在永樂三年云二年誤）旁有古井，名三寶井，相傳爲鄭和所掘。士人建亭於旁，內供鄭和神位，取水時羅拜之，亦飲水思源之意歟。」（南洋英屬海峽殖民地誌略第三編馬六甲第一章概要）又云：「距馬六甲市約一條石，（即一英里）有古城一座，建於山峯上，名爲三寶城。城樓雉堞皆具，純爲中國式之建築，故老相傳謂係明成祖二年太監鄭和巡視南洋至馬六甲時所建。以歷史推之，其說當係屬實。城垣上嵌一長方白石，上刻西歷一千五百十一年（案當明武宗正德六年）字，距今已歷四百餘年，尙巍然存在，亦爲古蹟之彌可寶貴者矣。惟記建築之時代，不書明帝年號，而以西歷書之，不知何意。城外更有一古井，名三寶井，亦傳爲鄭和所掘。水極清冽甘美，市人競喜飲之。馬來人則羣集井畔，汲其水以沖涼，謂可却病延年。故井上汲水者，終日紛紜不絕，亦一奇觀。井旁有寶山亭，供奉鄭和神主，土人時有入內膜拜者，或亦飲水思源之意歟？井後有山曰三寶山，為華僑塋墓所在，相傳鄭和居馬六甲時，從人有死之者，卽葬於是間，其後華僑因其地為公共墓地云。」（同上第三章調查）

（十二）三寶隴之三保洞三保墩　李長傅荷屬東印度華僑略史云：「鄭和之威名，迄今猶震於南洋，其遺跡軼聞，頗有可述者。三寶隴之時望安獅頭山有三保洞，相傳三保暮年歸眞之所，供三保太監遺像。（原注：或云王景宏偕三保南來卒於此地營墓於此後乃訛為鄭和事）相傳陰曆六月三十日為三保航抵爪哇紀念日，年年此日，大覺寺必循例進香。又有三保墩，墩前為三保沉舟處，相傳三保率艦至爪哇，有船一隻，忽然沉沒，舵工亦葬身於此，僅見長桅一竿，浮出海面。此海日久漸成陸地，華爪人士，卽於沉舟處築一土墩，以誌紀念。」（南洋研究第一卷第二號）

（十三）爪哇馬來半島之三保井　李長傅南洋華僑史：「爪哇茂物及馬來半島麻六甲有三保井，相傳亦係鄭和遺跡。」（南洋華僑史第二章）

（十四）南京之寶船廠　同治上江兩縣志云：「都船廠在儀鳳門，卽寶船廠。永樂三年三月，命太監鄭和等行賞占城、爪哇、舊港、暹羅、滿剌加、柯枝、古里、黎伐、南勃利、錫蘭、裸形、溜山、忽魯謨斯、亞魯、蘇門答剌、那孤兒、小葛蘭、祖法兒、吸葛剌、天方、阿丹凡二十一國，其冊舊在職方，成化中訪求其事，劉忠宣大夏取而焚之。」（同治上江兩縣志卷二十八採摭）李昭祥

（上海人嘉靖丁未進士歷任知縣嘉靖三十年任理選主事）撰龍江船廠志云：「洪武初，即都城西北隅空地，開廠造船。其地東抵城濠，西抵秦淮街軍民埔地，西北抵儀鳳門第一廂民住官廊房基地，（原注：闊壹百叁拾捌丈）南抵留守右衛軍營基地，北抵南京兵部苜蓿地及彭城伯張口田。（原注：深叁百伍拾肆丈）後因承平日久，船數遞革，廠內空地，暫召軍民佃種，止留南北水次各一區，以便工作。畎澮中界，而廠遂分爲前後矣。二廠各有溪口，達之龍江，限以石閘板橋，以時啓閉。東南隅舊有短垣，西北沮洳艱版畚，弘治四年，主事王鑾作木柵以補其缺。周繞二廠，各置水關，以幾出入。守者便之，歲久而廢。南爲廠門三間，路由馬鞍山下逶迤屬之通衢。嘉靖十五年，主事王利建工部分司坊於路口，（原注：今易其額曰龍江船廠）又因路苦淖，悉甃以磚。廠內有分司提舉司幫工指揮廳各一區，篷廠一所云。（龍江船廠志卷四建置志）其時船廠規制，除幫工指揮廳篷廠外，尙有細木作、油漆作、艌作房、鐵作房、篷作房、索作房、纜作房、看料鋪舍等。據嘉靖龍江船廠志云：

(1)幫工指揮廳　坐廠東北隅，西向，前後各三間，左右廂房。

(2)篷廠　坐分司之北，先年打造海船風篷之所也。內有房十連，計六十間，收貯船料，今俱廢。惟墻垣僅存。拆船舊板收積其中，既無藍茨，日就腐爛。是房之建，殆廠務之不容已者云。

(3)細木作房　六間，在分司西南。

(4)油漆作房　四間，在分司西北，舊房與分司同災。三十一年重建。

(5)艌作房　三間，在提舉司北。
(6)鐵作房　四間，在提舉司西北路外。
(7)篷作房
(8)索作房
(9)纜作房　以上俱廢。
(10)看料鋪舍　一所，在後廠路口。（同上）

又云：「明興法古，並建六部，政無旁出，河梁舟楫之事，凡在兩直隸者，皆隸都水司郎中總其事，主事分往監督。故衛河、清江、龍江皆有分司，有提舉司，綱舉目張，超越前代矣。然衛河清江，專理漕務，皆永樂以後增置，惟龍江則肇自洪武初年，本為戰艦而設也。正德戊寅，復詳選主事，駐劄管理，責任既專，而防範益密矣。」（龍江船廠志卷三官司志）龍江船廠職員，除工部郎中外，復有龍江提舉司提舉、副提舉、典史、幫工指揮、廂長、甲長、作頭、內官監匠、御馬監匠、丁字庫匠、寶船廠匠、酒醋麵局匠，看料匠丁、更夫、橋夫、脚頭、船戶、佃戶、上作頭等名目。據嘉靖龍江船廠志云：

(1)郎中（正五品）　郎中雖非船廠設，然船務無巨細，必關白之，例不可略已。但事籍莫稽，雖姓名僅存，率多闕略，不無待於博雅云。

洪武時　張□　王溥　薛□　杜永中　劉彬

永樂時　向善　易華　周口　張思忠
宣德時　李源
正統時　缺
景泰時　王口

(2)龍江提舉司提舉一員（正八品）副提舉二員（正九品）典史一員（未入流）　正統十三年，裁革副提舉一員，典史一員。然自嘉靖九年副提舉張秀之後，亦不復選，止存提舉一員而已。其在弘治以前者，不惟事籍莫詳，雖姓名亦莫可考。

(3)幫工指揮　千戶百戶各一員，五年一次，兵部考選廉勤者充。

(4)廂長四十名　洪武永樂時，起取浙江、江西、湖廣、福建、南直隸濱江府縣居民四百餘戶，來京造船，隸提舉司，編爲四廂。一廂出船木梭櫓索匠，二廂出船木鐵纜匠，三廂出艌匠，四廂出棕篷匠。分十甲，甲有長，擇其丁力之優者充之。長統十戶，每廂輪長一人，在廠給役，季一更之。歷年既遠，匠戶皆失其故業，且消長不齊。嘉靖二十年，存者二百四十五戶。

(5)作頭四十五名　匠戶中擇其丁力有餘，行止端慤者充之。所以統率各匠，督其役而考其成也。

(6)內官監匠三十八名　先年該監因造上供器皿，移文本部取撥造船匠充役，工完發回。後因工作增多，倍數添取，遂爲定例。及遇工完，止將添取者發回，而原數三十八名，卽轄內府。每月輪

[illegible]，不可復蠲。

(7)御馬監匠四名　洪武中，移文取撥船匠、油艌、馬槽、料桶。

(8)丁字庫匠三名　永樂中，移文取撥船匠、油艌、板櫃，裝盛各處市舶司所進魚油。

(9)寶船廠匠二名　洪武永樂中造船入海取寶，該廠有庫，庫故取撥匠丁，赴廠看守。今廠庫鞠為茂草，而匠丁之輸錢者如故。

(10)酒醋麵局匠三名　洪熙元年，該局奏准行取艌匠酒榨飯槽等器。

(11)看料匠丁二十名　本廠物料叢聚，無牆垣之限。舊規本部撥班匠二名，并四廂空丁，輪流看守。遇晚，附近地方，撥人巡徼。

(12)更夫一十五名　係定淮門、儀鳳門、車船壩、晏公廟四鋪居民輪流巡徼。

(13)橋夫四名　前後廠溪口二處，皆有板橋。每處僉左右各一家，以司啓閉，幾出入。

(14)脚頭一名　商鋪輸木於廠，雇募附近軍民扛抬，往往揹索工價，隨時低昂。乃僉一人為首，而平其值，使統理而督率之。

(15)船戶無定數　四廂匠戶，皆無恆產，率以駕船為業。舊規有船者隨其大小，報名分司，置籍紀之，以聽本部之差，別衙門不得擅撥。

(16)佃戶無定數　即提舉司歲徵油麻人戶，每遇本廠起船出船，車水作壩等務，暫拘幫役，事巳即散。不得數招久羈，以妨農業。

(17)上作頭十六名　本部各所局所轄，不屬提舉司，故稱上以別之。每遇預備等船興工，提舉司作頭所不能辦者，則暫撥管理搭罩篷作一名，旗作、油畫作、鼓作、銅作、絲作、鑄作、蝌殼作、穿椅作、貼金作、纓作、旋作各一名，箍桶作二名。（同上）

（附）鄭和子孫盜賣龍江船廠菜地事　龍江船廠志云：「國初設廠以來，廠外原有田地塘埂，遞年召人佃種，比照稅糧，計畝出辦桐油黃麻，收貯司庫，以待修造黃戰等船之用。不敷，又將瓦屑壩抽分場空地，俱撥提舉司召佃，亦照前例徵辦油麻。後因海運等大船，漸次裁減，廠地空閒數多，正統天順間，附近居民，侵占耕種，冒認上元縣及各衙所稅糧屯粮。又太監鄭和子孫盜賣菜地一塊，弘治二年，本部右侍郎黃據匠作周春等呈告查實具奏，准行南京刑工二部，會官勘問明白，查出退還田畝，共肆頃伍拾捌畝伍分玖厘。」（龍江船廠志卷五．斂財志）則正統天順年間，南京鄭和子孫，有盜賣龍江船廠菜地之事。茲將南京工部清查咨文錄右，以供參考。

南京工部為清查侵占官地事：都水清吏司按呈奉本部送准工部咨，該南京工部右侍郎黃等奏方璉等侵占盜賣龍江提舉司官地數多，欲使差官清查提問，如果冒認稅粮，即與開豁，將所占田地給帖，暫令承管，比照慶豐閘河岸空地，認納油麻，以備造船取用。候該司造船工多之日，仍各退還堆放料物。工部議擬覆題奏，奉欽依移咨南京刑部委員各一員，督同該城兵馬司，通行查實，果有侵占盜賣情由，應提問者，就彼提問；應參奏者，徑自參奏等因移咨到部。本部就經委官員外郎司馬堯會同南京刑部委官山西司郎中蔣輿，督同西北二城兵馬指揮王瓊趙勝帶領原識匠作周春等前去龍江提舉司，沿丘履畝，踏勘丈量，委被方璉等侵占盜賣本司牆圍內地基共肆頃伍拾捌畝伍分玖厘玖毫是實。將方璉等貳拾壹名依律問罪外，照出龍江提舉司原被方璉等耕種稻田麥地藕塘水溝柳梗幷房屋基地，俱經委官丈量過，數目明白，行兵馬司造冊本部給帖，暫令各人承管耕種，辦納油麻。其方璉等陸名，於正統天順年間冒認上元縣及該衛所稅粮屯糧，合移咨戶部畫吊各人冊籍，開豁差徭，及鄭灝招移太監鄭和子孫，伊祖在日，耕種提舉司菜地壹畝，雖有謄黃給賜之文，查無文卷可照。太監已死，子孫陸續賣與江寧已故民人朱謙，得銀貳拾兩入己。緣前項地主，原係該司官地，理合退還，仍令買主照舊耕種，辦納油麻等因具奏。又該工部覆題，奉聖旨是，欽此欽遵，移咨到部。理合就行，為此一咨戶部，將方璉等稅粮除豁一節，委官郎中司馬及龍江提舉司俱遵照欽依內事理施行。（同上）

（十五）南京之靜海寺　明葛寅亮金陵梵剎志云：「盧龍山靜海寺，勑賜，在都城外，南去儀鳳門半里，所統天界寺二十里西城盧龍山之麓。文皇命使海外，平服諸番，風波無警，因建寺賜額靜海。正德間車修。寺左有巨石，名眞假山，從地矗起，下空洞，潦水微瀦，曲徑盤折而上，形頗累石為之。潮音閣傑出殿表，見千帆下上濤浪。今禪院因避河患，改建方丈之左。所領小剎曰一眞菴，金川積善菴。（殿堂）金剛殿叁楹，左鐘樓壹座，右井亭壹座，天王殿叁楹，正佛殿叁楹，左觀音殿叁楹，左伽藍殿貳楹，右輪藏殿叁楹，右彌勒殿叁楹，右祖師殿貳楹，潮音閣伍楹，左華嚴樓叁楹，迴廊貳拾楹，玩咸亭壹座，方丈一所拾陸楹，公學叁楹，僧院肆拾房。基地叁拾畝，東至天妃宮，西至城河，南至官街，北至城河。（禪堂）正門壹座，華嚴樓叁楹，禪堂左右貳堂共陸楹，十方堂叁楹，在正門外右首，茶廚等房口楹，舊禪堂一所，在寺右。」（金陵梵刹志卷十八靜海寺）康熙江寧府志云：「靜海寺在儀鳳門外，盧龍山之麓。明永樂間，命使海外，風波無警，因建寺賜額靜海。寺中有危石，下空洞，相傳虞允文三宿於此，有宋人題字於上，是時石臨江滸也。潮音閣傑出殿表。寺有禮部侍郎楊廉重修記。」（康熙江寧府志卷三十寺觀上）清陳文述秣陵集云：「靜海寺在儀鳳門外，盧龍山西。永樂以海外平服，因建此寺。按永樂命內監鄭和等統舟師徧歷西番諸國，藉訪建文蹤跡，今劉河天后宮有通番事蹟石刻，此寺其流亞也。」（秣陵集卷六）甘熙白下瑣言云：「儀鳳門外靜海寺，明永樂間建，規模宏闊，礎石大若車輪，潤如蒼玉。柱皆數圍，或云沈香木爲之，其實鐵山楠木耳。乾隆間住持浩清重爲修整，創造石戒臺，苾芻來錫者日衆，爲金陵律門之冠。道光壬辰（十二年）二月二十二日卯時，不戒於火，悉成灰燼，僅留山門天王殿而已。當時赴救水龍，銅管多裂，水不能出。殿旁大銀杏一株，烈燄騰騰，自樹腹吐出，以助其猛，蓋數爲之也。先三日主僧方海坐丈室，闃寂無人，忽聞有跌足者三。是日六合長蘆寺朝課甫畢，鐘鼓自鳴，正靜海被災之時。靜海長蘆皆浩清和尚挂錫之所，彼此一家，山崩鐘應，感召之理，亶其然乎。」（白下瑣言卷七）此爲明清間靜海寺興廢之沿革。案正德十四年己卯夏四月南禮部侍郎楊廉靜海寺重修記略云：

儀鳳門外獅子山之陽，有靜海寺焉，鼎創歲深，蠹壞日甚，用浮圖故事，費出募緣，經營三載，厥功告僝。凡爲殿四、堂六、亭亦四、若門若閣若方室名一，若畫廊以間計，則四十云・永樂間，命使航海，往來於粘天無壁之間，曾未覩夫連山排空之險，仁宗皇帝（？）勅建此寺，而因以名焉，蓋以昭太宗皇帝聖德廣被薄海內外焉耳。昔靜修劉夢吉記高氏園，以成毀代謝，二者相因，爲氣機使之然。以前者既不爲焉，後者復不爲焉，則天地間皆化爲草莽之區，而斯人安得遂遊覩之樂。茲寺豈特如高氏園之於遊人而已哉！

又萬厤間進士吳郡俞彥靜海寺重修疏序云：

都城以南，花宮蘭若。芙蓉相啣，唄聲連起，晨夕鈴鼓相聞數十里，此何減天竺招提也。若城西隅，介定淮金川闤闠之間，其門爲儀鳳，其地爲龍江，其寺爲靜海。蓋江山遼落之鄉，選一佛址，無處稱尊。初茲土河以西爲江涯，聚沙浮渚，一甌股不任化城，故六朝無遺剎。文皇帝踐祚，海夷西洋，尚逆顏行，爰命專征，艨艟千計，戰士帥屬以萬萬計，迺折鯨鯢颸濤弱浪之外，樓帆無恙，獲所貢琛異以歸，歲奉朝朔，皇靈震盪，說者奇其績，謂爲神天護呵，合建寺酬報，詔可，賜今額，遂爲名剎焉。兩河之壖，氣運興發，烟火萬家，繇此饒積矣。守寺緇禪，亦稍稍仰爨一方，僅自生活，不暇謀殿宇。然二百年來，風雨漂剝，歲月凋朽，寖寖失觀也。住持某籌葺之，膜拜問疏。不佞嘗聽其地之勝，南臨鳳衢，郊坰迴亘，北枕獅嶺，岡原嶻嶪，東則城堞百雉，日月之所閃逼，西則長江萬里，雲霞之所噴薄。使棹星渡，登崖而徘徊，旅艤風停，跡汜以周覽，廛市輻輳，物力充牣，洵吳楚之上遊，都畿之鉅鎮也。故寺之旁近左側，屯爲步騎，列爲戰舸，設爲關廠，登城閱武之隙，重臣弭節，以飲軍實，櫌楠征榷之暇，部署停軒，以息公餘。幢幡參差，與旗旌分色，鐘磬清嘹，並鉦角爭響，是奚詎破苻葦茇牧之嘖，資雲水烟霞之棲，供瓶履杖鉢之憩，實壯我皇圖之萬一也。若夫長廊廣殿，鱗次翬飛，香積經臺，馬鳴獅吼，散花成雨，植樹干雲，高極摘星，華爭耀日，潮音閣者，罡風書響，恍度落伽之山，海氣晨朝，宛聞靈岩之韻。憑欄則宮闕標鮮，推牖則山川獻色，亦足勝矣。復有靈石，奇形怪狀，踞虎蹲鴟，突起危岩，削成飛岫，說者謂如獅子頭盤伏其間，上捎雲根，下連地脈，源泉不涸，洞壑常陰，經年潭浸，苔花坐著，寒生肌粟，可游可咏，尤最勝云。至於阿羅漢像，水陸畢陳，巧奪造化之奇。博山軍持，鼎彝共存，精舍制作之妙。此使者得之西洋，藏之茲寺，即他祟剎，不得與論珍。顧名蹟遠而未湮，榴榱久而易壞，目睹摧敝，足履頹險，登樓心悸，入殿神驚，非無王舍城之上足，終鮮給孤園之長者。嗟夫，人情吝識難除，但狃現前，未思來刼，不知人生如夢中境，如空中華，百年之身，與物俱盡，何有常處。惟施之福地，植之悲田，名勒不磨，功存永世。今寓內廢剎遺基，多存叔達之墟，斷石殘碑，尙紫子雲之蹟。明宿開山，王珣捨宅，至今讚嘆，以爲勝事。夫寸念資福，一夫樂施，砂礫之場，特開寶剎。況已成之業，不費之基，廢之病甚於無，修之功省於剏，如發大願心，爲無量施。北勸此舉，豈獨棲玄之流，行路之侶，誦功仰德。雖往者海邦之烈，賴以聿新，最勝之業，斯其卓哉。

又明蔡羽遊靜海寺詩云：

夜宿猶依白鷺洲，朝遊忽到古城頭，江聲不爲行人竚，山色常含往代愁。葉下碧欄蕭寺晚，馬嘶紅苑北門秋，風流總是周南客，看海卸杯一倚樓。（金陵梵刹志卷十八靜海寺）

又黃甲靜海寺夜坐詩云：

落木亂山巔，江樓雪夜船，山川千里外，風雨一燈前。白髮翻歧路，淸尊共昔年，浮生竊妄盡，今夕故依然。

又黃幼元詩云：

明河千尺水，江樹此悠悠，月影沉無際，天光停不流。魚龍黃石外，鷗鷺白蘋頭，何處客邊棹，芳蓮葉上舟。

又楊伯祥詩云：

天地巳如此，江流不蹔停，椒蘭怪曲水，沙石見明星。雙槳開蒲路，千山響結亭，塔鈴初靜處，夜氣入荒汀。（康熙江寧府志卷三十一寺觀上）

又淸王友亮靜海寺詩云：（原注：在師子山麓明永樂中太監鄭和歸自西洋建三宿岩卽在寺內）

艤櫂秋江十里長，招提結伴且尋將，憑誰導路蹲師子，怪爾開門叫鳳皇。（原注：殿門開闔有異聲俗謂之鳳皇叫云）海外靈槎曾攬勝，岩端健筆自流芳，老僧不解觀空旨，對客猶然說鄭璫。（金陵雜詠寺觀類）

又陳文述靜海寺詩云：

樓船萬里劇蒼茫，竟欲乘槎覽八荒，龍去定知歸海島，燕飛終是怯斜陽。縱令絕域圖王會，從此兵權屬內璫，太息深宮枉心計，長陵蔓草不勝長。（秣陵集卷六）

靜海寺在清乾隆間，由皓清和尚重修，道光十二年被焚。二十二年南京條約，曾在此簽訂。嗣經洪楊之役，全寺被燬，由靜安和尚再行募建。民國二十四年間，余訪鄭和造船殘碑於此。二十六年冬間，倭寇進攻南京，茲寺於是年陰曆十一月初八日（陽曆十二月十日）被燬，計焚去頭門韋馱殿三間，二門天王殿五間，毘盧殿三間，地藏殿三間，觀音殿三間，大客堂三間，老大殿地基平房三間，影堂三間，祖堂三間，齋堂三間，庫房四間，雲水堂三間，大廚房五間，樓房五間。現僅存方丈室六間，念佛堂五間。其臨街（綏遠路）大門「靜海律寺」四字，亦尚保存云。

（十六）南京之天妃宮　葛寅亮（？）金陵玄觀志云：「龍江天妃宮，在都城外獅子山下西城，去神樂觀二十里，儀鳳門相望。文皇帝遣使海外，諸番舟幾沒颶風黑浪中，賴天妃顯護帖息。歸日以聞，勅建宮崇報。宮枕城，城半在山趾，當時龍江經其下，今爲平陸。宮殿華峻，廊廡繪海中靈異，丹青滿壁。玉皇閣高可見江，朱櫺翠棟，與遠近帆檣映色。宮後有娑羅樹，亭亭千雲，翠影如蓋。歲遇天妃誕辰昇化之日，太常寺堂上官致祭。（殿堂）大山門叁楹，二山門叁楹，正殿叁楹，兩廊廡共貳拾楹，穿堂叁楹，後殿叁楹，三清殿三楹，玉皇閣伍楹，神饍館伍楹，碑亭壹座，道院□房。基地左至儀鳳門，右至靜海寺，前至官街，後至鳳城。（金陵玄觀志卷十三天妃宮）康熙江寧府志云：「天妃宮在獅子山下儀鳳門外，明文帝遣使海外，颶風黑浪中，賴天妃顯護。永樂十四年，勅建今宮。宮枕城，城半在山，當時龍江經其下，宮殿華峻，廊廡繪海中靈異。玉皇閣高可見江，與遠近帆檣相映。宮後有娑羅樹亭，有御製弘仁普濟天妃宮之碑。」（康熙江寧府志卷三十二寺觀下）道光上元縣志云：「天妃宮在儀鳳門外，明永樂十四年勅建，命太常歲祀。宮殿華峻，廊廡繪海中靈異，玉皇閣高可見江，宮後有娑羅樹亭，有明文皇御製碑。舊時龍江經其下，今漸遠。嘉慶年重修，知府許兆椿有碑。」（道光上元縣志卷十二寺觀）天妃在明初列入祀典，太常歲祭。其遣祭祀文云：

維年月日，皇帝遣致祭於護國庇民妙靈昭應弘仁普濟天妃之神：惟神正直慈仁，靈化弘妙，典司鉅海，孚應惟彰，輔國佑民，永世有賴。玆為誕辰昇化之日，特以牲醴庶品致祭，用答神庥尙享。

正德間重修，都水司主事建業黃謙天妃宮重修碑記云：

太祖高皇帝混一寰宇，際天極海，罔不賓服，而神人照格，此誠萬古超然而一見者也。太宗文皇帝繼承聖業，克紹洪休，敷宣教化，罔敢或怠。而使者奉使外番，用以懷遠人，宣教化，務使遠邇同風，萬邦率服，實賴聖神文武之盛心，天地同仁之至意也。然而使者涉海，汪洋浩渺，使其平風靜浪，頃刻無際，其或颶風作浪，摧山倒嶽，魚龍變詭，紛雜出沒，驚心駭目，罔不變異。竭誠傾禱，乃有神人飄颻之際，紅光映日，飛來舟中，頃刻寧口，賴以得生。使回敕奏，上心嘉悅，特加封號曰護國庇民妙靈照應弘仁普濟天妃神聖，歲遣南京太常寺諭祭二壇。乃建宮都城之外，龍江之上，寰百里之間，舟航之往來，居民之輳集，雨暘之愆期，心之所欲，傾誠啓禱，罔不孚應。人之信慕，古今一致是乎？本宮之外，又有三清殿，玉皇閣，各隨其力之所及，極其壯嚴，金碧交映，煥然天設。奈何歲月彌遠，風雨侵薄，日見陵夷。守備劉公瑯往而見之，因感聖恩之宏深，憫前人之至意，於是罄竭囊資，以修理之。成國公朱公輔，西寧侯宋公愷，兵部尚書喬公宇，協力贊助，於是掄材命工，傾敗者正，殘缺者補，而一時煥然若新。天妃宮前後殿宇房屋廊廡碑亭樓共七十九間座，周圍內外牆垣計一百八十一丈餘。肇工於正德十二年十二月十九日，畢工於次年十月十九日，其成功信乎神速矣。然琳宮仙館，歷百年之久，一旦去舊卽新，豈偶然之故耶！是故有默相之者矣。

又明湯顯祖太常謝公北泊天妃宮有作（原注：謝公前使琉球感天妃神光濟海）云：

漢使河源虛織女，君得天妃下神語，海氣雲驚壁葉山，江關雪憶梅花嶼。白澤賜衣金佩刀，神鯨怪燕爭波濤，精氣自凌星氣遠，功名早逐風雲高。只言世上堪平步，候氣尋針非此路，常依北闕玩芳華，暫向南都瞻玉樹。南北園陵佳氣重，太常新入近天容，況復青郊候祈穀，立春春朔幾人逢。

又天妃宮玉皇閣夕眺云：

寶蓋珠幢青佩裙，拂雲來謁斗中君，因攀帝閣臨元氣，却過雷門動紫氛。諸天蒼莽開南牖，下視塵衢思矯首，繡嶺平分草樹前，淸淮半出人家後。還緣梯級俯東軒，睥睨飛翻儀鳳門，表裏都城如玉切，高低道院似雲屯。參差向北隨形勢，雉堵獅峯兩迢遞，可憐平圃不抽花，未許招山徒植桂。迴飈拂袖倚西櫺，樹影潮音入梵聽，山中氣接江流白，江上山連浦口青。青山四面迴甕澤，二百年來深紫柏，能棲寶露足風朝，會徒陰烟宜月夕。夕暉山色靄松門，仙家日氣也黃昏，若待少年婚宦畢，經須猿鶴怨王孫。（金陵玄觀志卷十三天妃宮）

又清嘉慶間再經重修，王友亮天后宮詩云：（原注：在獅子山下儀鳳門外明文帝遣使海外颶風黑浪中賴天妃顯護舊名天妃宮明永樂十四年勅建）

遠舶邀奇祐，豐碑荷特褒，紅鐙傳絕嶼，碧瓦俯奔濤。亭列娑羅古，門臨卓楔高，紗帷搴翠鳳，畫壁犖金鰲。侍女紛珠節，神兵簇寶刀，渺茫非臆度，綽約獨權操。水德三靈協，霜威百怪逃，鮫人虔奉約，颶母敢稱豪。河海誠俱應，江湖惠亦叨，請看春季月，萬里集牲醪。（原注：三月二十三日爲神誕辰祭賽尤盛）（金陵雜詠寺觀類）

民國二十四年余訪天妃宮，尚略存規模。有光緒三十四年六月穀旦商埠信士弟子獻一聯云：

寶殿巍峨覩金相壯嚴立念時民安物阜

天香飄緲對玉容整肅存神處海宴河清

又聞守宮人云：每歲三月二十三日，爲聖母誕生之辰，四鄉農民麕集，爲農具交易之所。二十六年南京淪陷，全部被燬。移神像於他屋，額曰古天后宮，原址另建板屋，爲憲兵第二十六團第二營營本部駐在地。僅永樂十四年所立御製弘仁普濟天妃宮之碑，尙巍然獨存，孤立於斜陽淒風中。

（附）天妃靈異與鄭和　天妃相傳爲宋時福建莆田林氏女，累著靈異，歷朝封褒。初封爲夫人，（宋高宗紹興二十五年封崇福夫人）繼封爲妃，（宋光宗紹熙元年以救旱功進爲靈惠妃）再封爲后。（淸聖祖康熙二十三年以澎湖之捷將軍施琅奏請加封勅封爲護國庇民昭靈顯應仁慈天后）據福建通志：「后林姓，世居莆之湄洲嶼，宋都巡檢林愿第六女也。始生時，地變紫，有祥光異香。長能乘席渡海，乘雲遊島嶼間。宋雍熙四年二月十九日昇化。是後嘗衣朱衣飛翔海上，里人祠之。宣和癸卯，給事中路允迪使高麗，中流震風，七舟俱溺，獨路所乘，神降於檣，安流以濟。使還奏聞，特賜順濟廟號。紹興乙卯，颶風掃海寇。乾道二年，又降於白湖，掘泉飲疫者。累封靈慧昭應崇福夫人，淳熙十一年，加封善利。紹興間，特封靈惠妃。慶元戊午，以霧遮大溪寇。開禧丙寅，解淮甸圍。莆民艱食，米船阻於朔風，神反風卽至。景定辛酉，海寇肆暴，醉臥廊廡間，神縱火焚之，又令風沙晝晦，跨淺而敗。累封助順顯衞英烈協正善慶等號。元以海漕得神祐，賜額靈濟。明永樂間，累著靈蹟，命修祠宇，加封號。國朝康熙十九年，封爲護國庇民妙靈昭應宏仁普濟天妃，遣官致祭。二十二年，我師克澎湖，恍有神兵導引，及屯兵天妃澳，靖海侯施琅謁廟，見神衣半身猶濕，始悟實邀神助。又澳中水泉，止可供數百口，是日駐師萬餘，忽湧泉，挹之不竭。施琅表上其異，勅建神祠於其原籍莆田縣湄洲，勒文以紀功德。隨又加封天后。五十九年，翰林海寶冊封琉球還，奏言默佑封舟，奉旨春秋致祭，編入祀典。六十年，臺匪竊發，天后顯靈鹿耳門，水驟漲數尺，舟師揚帆並進，七日克復全臺。雍正四年，巡臺御史禪濟布疏聞，御賜「神昭海表」之額，懸於臺灣廈門湄洲三處。十一年，又准總督郝玉麟，巡撫趙國麟奏賜「錫福安瀾」匾額於省城南臺神祠，並令有江海各省，一體葺祠致祭。」（福建通志）此天妃在宋元明清四代崇祀加號之大略也。其在明初，因鄭和出使，有事海外，崇封之典，視前尤甚。據天后聖蹟圖誌云：「明太祖洪武五年正月，勅封昭孝純正孚濟感應聖妃，遣官貺祭，御製文一道云：

制曰：國家崇報神功，郊社旅望而外，非有護國庇民，豐功峻德者，弗登春秋之典。明著天妃林氏，毓秀陰精，鍾英水德，在歷紀既聞禦災捍患之靈，於今時尚懋出險持危之績。有裨朝野，應享明禋。朕臨御以來，未及褒奬。茲特遣官貺詔，封為昭孝純正孚濟感應聖妃，其服斯徽命，宏佐休光，俾清宴式觀作覩之隆，康阜永著赫濯之賜。欽哉！」（天后聖母聖蹟圖誌全集卷一）

又勅封天后志云：「明永樂元年，（？）差太監鄭和等往暹羅國，至廣州大星洋，遭舟將覆。舟工請禱於神，和祝曰：『和奉命出使外邦，忽遭風濤危險，身固不足惜，恐無以報天子，且數百人之命，懸於呼吸，望神妃救之！』俄聞喧然鼓吹聲，一陣香風，颯飄來，宛見神立於桅端，風恬浪靜。歸朝復命奏上，奉旨遣官整理祠廟。」（勅封天后志卷下）又天后聖蹟圖誌云：「成祖永樂七年，欽差太監鄭和往西洋，水途適遇狂飈，禱神求庇，遂得全安。歸奏上，奉旨差官致祭，賞其族孫寳鈔各五百貫。本年又差內官張悅慶賀浡渤泥國王回，舟中危急，禱神無恙。歸奏奉旨差官致祭。

本年又差內官尹璋往榜葛剌國公幹，水道多虞，祝禱各有顯應。回朝具奏，遣太監鄭和，太常寺卿朱焯馳傳詣湄山致祭。加封護國庇民妙靈昭應弘仁普濟天妃。

制曰：惟昭孝純正聖妃林氏，粹和靈惠，毓秀坤元，德配蒼穹，功參元造。江海之大，惟神所司，佑國庇民，夙彰顯應。自朕臨御以來，屢遣使諸番及餽運糧餉，經涉水道，賴神之靈，保衛匡扶。飛飈翼送，神光導迎，欻忽感通，捷於影響。所以往來之際，悉得安康。神之功德，著在天壤，必有褒崇，以答靈貺。茲特加封護國庇民妙靈昭應弘仁普濟天妃，仍建廟於都城外，賜額曰弘仁普濟天妃之宮。爰遣人以牲醴庶羞致祭，惟神其鑒之。」（天后聖母聖蹟圖誌全集卷一）

又勅封天后志云：「明永樂七年欽差太監統領指揮陳慶等往西洋，賊覘知，垂延寶貨，率數十艘於中流截劫。正直上風，奔流如飛，我舟被困，衆俱股栗。陳慶乃曰：『奉君命到此，數百人在茫茫大海中，須決雌雄，尚可生還，騎虎之勢，安可中下。兵法謂置之死地而後生，正在今日。』衆曰『不若拜禱天妃。』慶從之。是宵陳慶夢神語曰：『今夜風急，可乘昝霧溯流而上，翌日佑爾一帆風，殲此醜類，』慶以告內使，鼓棹向前，比曉，已居上流。賊逆風不得進，我舟離賊已遠，衆欲遠遁。慶復曰：『長江萬里，西國迢遙，回首不見家山，彼狡爾鯨鯢，豈能忘情於我。若飄泊偷安，恐賊黨出沒煙波，終入其網。今風信順便，殆神授也，急擊勿失。』遂勵兵奔衝而下，遠望神儀現空中，閃爍如虹如電。賊駭愕，風急舟快，賊篷被官桅倒插破裂，陳慶揮刃越舟，賊首投水，鈎而俘之，餘悉就擒，獲貨物軍器無算。內使及陳指揮率衆叩謝神曰：『反敗爲功，轉禍爲福，再造之德，山高水深』。復命奏上，奉旨褒嘉，委官重置廟中器皿，親賫詣廟致祭」。（勅封天后志卷下）又天后聖蹟圖誌云：「永樂十二年，欽差內官甘泉送榜葛剌國王，海中危急，禱祝獲安，詣廟致祭。十三年，欽差內官侯顯往榜葛剌國，往來危懼，祈禱屢叨顯應，奉旨詣廟致祭。十一月，又委內官張源到廟，御祭一壇。十五年，欽差內官王貴通莫信周福率領千戶彭祐，百戶韓翊，並道士詣廟修設，開洋清醮。十六年，又差內官張謙到廟御祭，着本府官員陪祭。」（天后聖母聖蹟圖志全集卷一）又勅封天后志云：「明永樂十九年，欽差內使張元往榜葛剌國，於鎮東海洋中，官舟遭大風，掀翻欲溺，舟中喧泣，急叩神求佑。言未畢，忽見狂風旋舞中，有赤旛飛揚。衆疑其不祥，須臾霞下，風息浪平。舟人踴躍懽忭，皆曰：『頃赤旛飛揚，實神靈返颶之力』。及自外國還，特製袍旛詣廟拜謝。本年太監王貴通等又奉命往西洋，禱祝顯應。奏上，遣內官赴賢良港修整祖廟，備禮致祭。宣德五年十二月，欽差太監楊洪統領指揮千百戶及隨從人等，駕船大小三十隻，裝載彩幣，賞賜阿丹、暹羅、爪哇、滿剌加、蘇門答剌、木骨都束（當作束）、卜剌哇、竹步八國，虔恭奉祀神妃，朝夕拜禱保祐。一日舟至中流，天日清霽，遠望大嶼橫峙海中，上多怪石，錯生海物。衆曰：『舟中沉鬱已久，盍登岸少舒。』各奪磴而上。又旁有小磯，一女子攜筐採螺蜃，競赴磯迫視之。洪恐其肆慢，趨前呵止，女子忽不見，回首大嶼已沒，方知前所登嶼，即巨鼇浮現。其美女乃天妃現身，救此數十人也。各叩首謝，歸奏上，奉旨賫香致祭。」（勅封天后志卷下）又湄洲嶼志略云：「宣德五年，欽差太監楊洪等出使諸外國，神功加佑，風波無虞，特遣楊洪並京官及本府縣詣湄致祭。

制曰：惟妙靈昭應天妃林氏，嵩嶽孕靈，巽坤合體，嘘風吸雨，統江淮河海之宗，佑國庇民，濟天地東南之險。適承水德，乃亮玄工，海不揚波，維爾嘉績，朕式欽焉！茲特虔備牲醴，遣官祭告，神其鑒臨。尙饗。

宣德六年，欽差正使太監鄭和領興平三衞指揮千百戶並府縣官員詣湄嶼買辦木石，修整廟宇，幷御祭一壇。

茲遣鄭和等道涉江海，往返諸番，惟神有靈，默加佑助，俾風波無虞，人船利涉。浮達之際，威賴底綏。特以牲醴祭告，神其饗諸！（湄洲嶼志略卷二祀典）

夫天妃之事，雖渺茫難信，然歷代相傳，祀爲水神。鄭和等屢使海外，亦沿習奉之耳。趙翼云：「江漢間操舟者率奉天妃，而海上尤甚。……夷堅志興化軍海口林夫人廟，靈異甚著，今進封爲妃，則在宋時已封爲妃也。……元史祭祀志南海女神靈惠夫人，至元中以護海運有奇應，加封天妃，神號積至十字，廟曰靈慈。……是天妃之名，自有元始。……洪武五年，又以護海運有功，封孝順純正孚濟感應聖妃，則又有聖妃之稱，七修類稾則云封昭應德正靈應孚濟聖妃。通考永樂中建天妃廟，賜名弘仁普濟天妃宮，有御製碑。正月十五，三月二十三日，遣太常寺致祭。故今江湖間俱稱天妃。天津之廟，幷稱天后宮。相傳大海中當風浪危急時，號呼求救，往往有紅燈或神鳥來輒免，皆妃之靈也。竊意神之功效如此，豈林氏一女子所能。蓋水爲陰類，其象維女，地媼配天則曰后，水陰次之則曰妃，天妃之名，即謂水神之本號，爲林氏女之說，不必泥也。」（陔餘叢考）其說頗是。

（十七）太倉之天妃宮　弘治太倉州志云：「天妃宮在周涇橋東。」（弘治太倉州志卷四寺觀）

明陳蒙天妃宮留題云：

玉殿玲瓏妥聖妃，海洋樓櫓悉皈依，日臨華蓋明金榜，雲入珠簾護寶衣。雉扇欲隨雙鳳舞，魚軒曾從六龍飛，淩風環珮遊何處，昨夜岨山夢雨歸。

又倪謙天妃宮行云：

神仙家住蓬萊島，風景清幽四時好，玉花琪樹紫煙生，十二樓臺卿雲繞。扶桑日出唱金雞，月明滄海來青鳥，不知寒暑喚春秋，一任陰陽送昏曉。古木參天有鳳棲，落花滿地無人掃，此中隨意樂優遊，物外無心事機巧。世間萬慮總相忘，自是後天長不老，幾度曾餐老母桃，於今再食安期棗。興來一曲奏霓裳，飄飄仙樂知音少，我亦三山會裏人，塵事羈縻未能了。矯首仙鄉東海東，弱水悠悠數峯小，會當跨鶴御清風，還訪蓬萊拾瑤草。（又陸昶次倪尚書天妃宮行見前）

又桑悅宿平江侯祠懷恩道房留題。（原注：祠在天妃宮中）云：

此身終老白雲鄉，暫時懷恩羽中房。老檜籠煙呈古畫，叢蕉滴雨奏清商。三通法界無聲鼓，一瓣平江不盡香。物外尊罍忘醉醒，圜中鑪竈立圓方。心閒自覺紅塵遠，門掩方知白晝長。

月子剛風常坐御，靈均正氣孰分營。岨山神去空遺寢，蓬島仙歸有影堂。還約吹笙王子晉，碧天明月共徜徉。（弘治太倉州志卷十詩文）

（十八）長樂之天妃宮　乾隆長樂縣志云：「天后宮在西關外花眉臺，原在西隅南山之陽。相傳天后姓林，爲莆田都巡簡孚（原注：郡志作愿）之女，生於五代之末。少而靈異，能知人禍福。室處三十載而卒。航海遇風者禱之，累著靈驗。宋宣和五年，賜廟額順濟。歷紹興二十六年，封靈惠夫人。紹熙三年，晉封靈惠妃。元至元十八年，晉封護國明著天妃，歷加徽號。至明洪武中，晉封昭孝純正孚濟感應聖妃。永樂七年，晉封護國妙靈昭應宏弘普濟天妃。國朝康熙十九年，平定臺灣，神湧潮濟師，勅封護庇民妙靈昭應踐宏仁普濟天妃。二十三年，晉封天后。五十九年，特予春秋致祭。永樂十年，太監鄭和往征西洋，船泊太平港，因創焉。制甚壯麗，旁有三清殿，爲祝聖之所。乾隆二年，殿圮基存，天后宮亦漸朽壞。二十六年，知縣賀世駿以水神面山非宜，將宮改作書院，移祀天后於今所。建宮二座，前座三柱三間，後座七柱三間，額曰天后宮。旁有僧舍。」（乾隆長樂縣志卷四廟祀）明邑人陳省（侍郎）三清殿祝聖道場記云：

皇帝恩覃率土，祝聖之地，靡所不宜。樂邑舊依三清殿，殿始於永樂間，中官鄭和航海冊封並海諸國，築天妃宮酬神，以其餘材構殿崇奉老氏。蓋二百餘年，風雨飄搖，棟宇傾圮，每祝聖龍亭暴日中，雨則張蓋，屢議重建，以費廣輒罷。鍾侯來蒞，愀然謀諸邑士大夫父老曰：「禮有大於此者乎！盍圖之。」諸父老曰「此吾邑子民所惓惓欲請於侯而未得者也。邑無釋老之官，惟玆殿在城以內，南山民祈晴禱雨，憂患疾病，輒就神叩，鄉里宗族，親戚友朋，慶慰之禮，釋紛解爭，合歡敦好，惟玆宮是藉。若順民情所欲爲而官爲倡，旬月就矣。且侯謀祝聖也，實爲邑圖，於侯何有？」侯聞之，欣然出教，卜吉鼎建，士民願助金者聽，度地量工，土木瓦石之費若干，舊可者若干，先捐俸以倡。邑父老子弟歡欣鼓舞，奔走經營，推士之才而有行者，民之齒而有德者董其事。鳩金三百餘兩，經始於戊子三月十一日，落成於是年八月初五日。堂皇巍聳，庭楹堅齊，兩廡前霤，斯革斯翼，明廊奧窔，先後聯屬，清曠通徹，委蛇幽雅。山頂之塔，修而堅，傍出之門，正而竦，煒然復其故跡，而恢其舊制，爲長樂一偉觀也。」

（下略）（同上卷九藝文上）

宣德六年鄭和南行，刊天妃靈應碑於此，（碑文見前）其內容與太倉天妃宮石刻通番事蹟碑相類。民國二十五年夏間，余講學福州，親往長樂訪之，得拓本數百紙以歸，分贈友好。首都淪陷，拓本盡失，於殘存雜記中，得該碑拓本跋文一則云：「明史載鄭和西征年月，殊多舛譌，余曾於去年發見鄭和婁東天妃宮石刻通番事蹟碑記，藉以考證其事。中外學者，羣相歎異。今春偕管君勁丞往婁東訪碑不獲，此碑遂爲考證鄭和遺事者惟一之瓌寶。碑於民國二十年始發見於福建長樂之南山，經邑宰吳鼎分輦入縣署，仆置於思善齋牆側。年久湮沒，無復知者。前歲湘鄉王公伯秋奉命督政閩東，守土玆邦，偶見此石於蔓草中，移置廳事，剔抉摹拓，藉廣流傳。並擬建築碑亭，以存史蹟。余久慕勝景，未得親臨，此次南來，承王公之邀，幸得觀摩，並得拓本，殊爲良緣。爰跋之以明其淵源云。民國二十五年八月浙東鄭鶴聲謹識於福州省立科學館。」茲錄之以留鴻爪。

(十九)長樂之南山三峯塔寺　乾隆長樂縣志云：「南山三峯塔寺在縣西隅登高山，卽塔坪山。宋崇寧間，僧造小臺講經，後邑人林安上同僧就故址作菴。建炎間，僧造浮屠七級。明永樂十一年，太監鄭和同僧重修，題其額曰三峯塔寺。嗣圮。知縣吳遵詩云：

百仞危欄霄漢連，萬峯青落酒盃前，秋聲不斷雙江樹，暮色平分萬井煙。天末鴈鴻眞渺邈，谷中蘭芷自芳鮮，何當決此浮雲外，西望長安在日邊。（乾隆長樂縣志卷四寺。）

(二十)賢良港之天妃祖祠　天后聖蹟圖誌云：「賢良港之祖祠，前代已有建立，明永樂十九年，上以天后屢著靈異，聞祖祠圮壞，特命內官赴港修整。及嘉靖時，倭寇擾攘，民居盡被燬，獨祠不壞。祠內供奉始祖唐邵州刺史公暨后之高曾祖父兄，並后寶像。順治辛丑年，奉文遷界，子姓將神主寶像暫寄奉於涵江天后宮，祠遂圮。康熙二十年，展界復回，鄉人同子姓鳩工建造，赴涵請歷代神主，供於寢堂，寶像供於中廳。年間特恩春秋二祭，皆在於斯。」又云：「世傳祠內寶像，係異人粧塑，各處供奉之像，皆不能及。以遷界寄奉涵江，至復界時，子姓到涵請回，涵之里人不肯，乃同詣神前卜筶，得九十九聖。涵江里人，遂備船用綵亭鼓吹送寶像登舟。船甫開，雷雨驟至，隨船之後，而船不沾濡。既入祠，雷雨大作，水溢堂廡，鄉族之人不能行禮。口祝於后，雷雨卽時屏息，風掃地乾，瞻拜者莫不詫異。嗣後凡有到祠請香火者，多有雷雨隨之，至今猶然。」（天后聖母聖蹟誌全集卷二）

(二十一)湄洲之天妃廟　楊浚湄洲嶼志略云：「湄洲在大海中，與極了相望。林氏靈女今號天妃者，生於其上。永樂間，中貴人曰三保者下西洋，爲建廟宇海上，大獲徵應。」(湄洲嶼志略卷一山川引宏治興化府志)又云：「湄洲天后宫，僅落落數椽，祈禱無虛日。後有商人三寶捐金創建廟宇。宋仁宗天聖中，神光屢見，鳩貲拓地。明洪武七年，指揮周坐重建寢殿、香亭、鼓樓、山門，復塑寶像。又有張指揮建一閣於正殿左邊，名朝天閣。永樂初年，詔擴大廟宇，不時致祭。宣德六年，遣官修廟。國朝康熙二十二年，將軍施琅建梳妝樓及朝天閣佛殿僧房。」(湄州嶼志略卷一宫廟引天后志)

(二十二)暹羅之三寶公廟　俊卿暹京竹枝詞云：「巍峨石像巋然存，疊疊峯巒拱廟門，道是中華舊宮監，南天猶仰使星尊。」注：「有三寶公廟，像極高，立於肩不能摩其耳，相傳是前明宮監鄭和到此，塑像紀念。」(南洋研究第二卷第六號)

(二十三)暹羅之三寶宮　李長傅華僑云：「暹羅三國時卽通中國，自隋以來，世爲我藩屬。明代鄭和曾征服其地，今暹京尚有三寶宮祀鄭和。」(華僑第三章南洋之華僑)

(二十四)南京之西府海棠　上元江寧鄉土志云：「靜海寺西府海棠，高大蔽數畝地，花開如錦繡。明永樂中，太監鄭和自西洋攜歸，建寺時植諸殿墀中者也。」(元寧鄉志卷六異種花木)

(二十五)南京之蘑蔔花　康熙江寧府志云：「白雲寺一名永寧寺，在鳳臺門外，與牛首山相近。太監鄭強葬地，墳旁多名花異卉。有蘑蔔花一叢，乃三寶太監西洋取來者，中國無其種。花瓣似蓮而稍瘦，外紫內淡黃色，與佛經云薝蔔花金色者同。花心嗅之辛辣觸鼻，遠遠聞之，微有一種清香。楊用修胡元瑞皆云薝蔔花卽梔子花，非也。梔子花瓣極俗，色極白，香極濃，品極賤，處處有之，若以爲卽薝蔔花，恐梔子不敢當也。胡楊二公特未見薝蔔花耳。」（康熙江寧府志卷三十四摭佚下）

（二十六）南京之五穀樹　陳文述咏五穀樹詩云：（原注五穀樹明內監鄭和自西洋攜歸一在天界寺一在報恩寺相傳可驗年歲豐歉故有是名）

樓船十里泰西迴，此樹曾隨舶趠來，移植遠從鸚鵡地，托根終傍鳳凰臺。種分蕭寺雙株老，花爲豐年幾度開，野史紛紛說三寶，貂璫亦自不凡才。（秣陵集卷六）

（二十七）南京之鐵錨　白下瑣言云：「鍾山書院大門右空地有大鐵錨，二叉陷於土，一叉在上，相傳是馬三寶下西洋故物，不知何從至此？蓋其地本東護龍河水，出昇平橋，數百年前，尚通舟楫，未可知也。每中秋游人蟻集，婦人摸弄之，可以生子，呼爲摸秋，令人絕倒。石城門外河灘有鐵錨數十，類有大於此者。按客座贅語載城之西北有寶船廠，永樂三年三月命太監鄭和等行賞賜古里、滿剌加諸國寶船共六十三號，適當其地，則爲三寶之物，益無疑矣。」（白下瑣言卷一）

（二十八）滿剌加之瓦　黃衷海語云：「滿剌加在南海中，爲諸夷輻輳之地，亦海上一小都會也。王居前屋，用瓦，乃永樂中太監鄭和所遺者。餘屋皆僭擬殿宇，以錫箔爲飾，遇制使若列國互市，王卽盛陳儀衞，以自儆備，其民皆土室而居。」（海語卷上滿剌加。）

（二十九）西里伯島之巴剌頭寶刀　南洋研究云：「南洋荷屬西里伯島望加錫北部曰外城，明時鄭和巡遊至該地，冊封其酋長爲王。其俗奉佛教，後宗回教。上自國王，下至庶民，出則應各佩一刀。其王受封後，戴金冠，張半面傘並鑄此刀以爲佩用。世世相傳，以爲傳國寶刀。及至西曆一千九百零四年（案當清光緒三十一年）被荷蘭所滅，傘及冠均被荷政府取去，陳列爪哇巴達維亞博物院。惟此刀鄙人（華僑王覺先生自稱）以多方購得之，已寶藏二十餘年矣。」（南洋研究第二卷第三號）案此刀民國十七年十月由華僑王覺先生交國立暨南大學南洋事業部保存。其事不知確否？

（三十）三寶隴之舢板跳　李長傅荷屬東印度華僑史云：「南洋有魚名舢板跳者，其脊旁有指痕五。俗傳三保大人航海時，忽有一魚跳入其船中，三保爪而放之，致成指痕，故有此名。由此可見當年鄭和威望之盛。」（南洋研究第一卷第二號）

附錄

一　諸書所載諸國之數目

明清兩代人士著書，載鄭和等所經海外地方，多寡不一，有作十七國者，有作二十國者，有作二十二國者，有作二十八國者，有作三十國者，有作三十三國者，有作三十四國者，有作三十五國者，有作四十二國者，有作四十五國者。其間最大差數，達二十有八國。茲列如下表：

書名	撰者姓名	所載國數	備考
瀛涯勝覽	明　馬歡	十九	
星槎勝覽前集	明　費信	二十二	
星槎勝覽後集	明　費信	二十	
鄭和家譜		二十	
西洋番國志	明　鞏珍	二十	四庫全書總目地理類存目
西洋朝貢典錄	明　黃省曾	二十一	卷一至卷三

殊域周咨錄	明嚴從簡	十七	卷四至卷十二
皇明象胥錄	明茅瑞徵	三十三	卷一至卷七
明會典	明申時行等	三十五	禮部（卷一百五至一百七）
武備志	明茅元儀	三十	四夷傳（卷二百二十五至卷二百三十六）
圖書集成	清蔣廷錫等	二十四	方輿彙編邊裔典（卷八十五至卷一百六）
罪惟錄	清查繼佐	四十五	卷三十六
明書	清傅維鱗	二十九	四國傳（卷一百六十六至卷一百六十七）
明史	清張廷玉等	四十二	外國傳（卷三百二十三至三百三十三）

二　諸國名稱之異同

海外諸國之譯名，時有不同。例如舊港一作三佛齊，又曰浡淋邦，又曰伯港，一曰牙陀利。古里一作古俚，又作西洋古里。渤泥一作浡泥，又曰大泥。蘇門答剌一作須文達那，或云別爲一國。阿魯一作啞魯，一作啞嚕。柯枝一作阿枝。大葛蘭一作大唄喃，小葛蘭亦作小唄南。西洋瑣里一、作瑣里。南巫里一作南泥里。甘巴里一作甘把里，或云別爲一國。錫蘭山一作狠牙修。喃渤利一作南浡里，又作喃浡里，又作南浡利。彭亨一作彭坑，又作湓亨。忽魯謨斯一作忽魯謨廝，又作忽魯母思，或云別爲一國。溜山一作溜洋。木骨都束一作木骨都剌。祖法兒一作佐法兒，又名左法兒。黎代一作黎伐，又作梨代。那孤兒一作那姑兒，又作花面王國。三島一作三嶼，麻逸一作麻逸凍。假里馬打一作假里馬丁。卜剌哇一作不剌哇等。皆使讀者易於混淆。至於諸書所載，或多或寡，頗不一致，亦使讀者難於比較。茲並將各書所記各地方名稱，列如下表：

瀛涯勝覽	占城國	爪哇國		舊港國	暹羅國	古里國	滿剌加國
星槎勝覽	占城國	爪哇國	眞臘國	舊港	暹羅國	古里國	滿剌加國
鄭和家譜	占城國		國	舊港國	暹羅國	古里國	滿剌加國
西洋番國志	占城	爪哇		舊港	暹羅	古里	滿剌加
西洋朝貢典錄	占城國	爪哇國	眞臘國	三佛齊國	暹羅國	古里國	滿剌加國
殊域周咨錄	占城	爪哇	眞臘	三佛齊	暹羅		滿剌加
皇明象胥錄	占城	爪哇	眞臘	三佛齊	暹羅	古里	滿剌加
明會典	占城國	爪哇國	眞臘國	三佛齊國	暹羅國	古里國	滿剌加國
武備志	占城	爪哇	眞臘	三佛齊	暹羅	古俚	滿剌加
圖書集成	占城	爪哇	眞臘	三佛齊	暹羅	西洋古里	滿剌加
罪惟錄	占城國	爪哇國	眞臘國	三佛齊國	暹羅國	古俚國	滿剌加國
明史外國傳	占城	爪哇	眞臘	三佛齊	暹羅	古里	滿剌加
明書		爪哇	眞臘		暹羅	古俚	滿剌加
西文譯名	Campa, Annam	Java	Kambɔja	Palembang	Siam	Kalikut, Calicut	Malaka

Burni		勃泥國			勃泥國	浡泥	浡泥	浡泥國	浡泥	浡泥	渤泥國	浡泥	渤泥
Samudra	蘇門答剌國	蘇門答剌國	蘇門達剌國	蘇門答剌	蘇門答剌國	蘇門答剌	蘇門答剌	蘇門答剌國（須文達那）	蘇門答剌		蘇門答剌國	蘇門答剌（須文達那）	蘇門答剌
Aru	啞魯國		啞魯國	啞魯	阿魯國		阿魯	阿魯國	阿魯	阿魯	阿魯國	阿魯	阿魯
Koci, Cochin	柯枝國	柯枝國	柯枝國	阿枝	柯枝國		柯枝	柯枝國	柯枝	柯枝	柯枝國	柯枝	柯枝
Quilon		大唄喃國									大葛蘭國	大葛蘭	
Kulam' Qulion	小葛蘭國	唄喃國	小葛蘭國	小葛蘭	小葛蘭國		小葛蘭	小葛蘭國	小葛蘭	小葛蘭	小葛蘭國	小葛蘭	小葛蘭
Cola						瑣里古里	西洋瑣里	西洋瑣里國	西洋瑣里	西洋瑣里	西洋瑣里	西洋瑣里	西洋瑣里
Cail							加異勒	加異勒國	加異勒	加異勒	加異勒國	加異勒	加異勒
												阿撥巴丹	
Lambri							南巫里	南巫里國		南巫里	南巫里	南巫里	南渤里
Koyampadi							甘巴里	甘巴里國	甘巴里（甘把里）		甘巴里	甘巴里	甘巴里（甘把里）

錫蘭國	錫蘭山國	錫蘭山國	錫蘭山	錫蘭山國	錫　蘭	錫蘭山	錫蘭山國	錫蘭山	狼牙修	錫蘭國	錫蘭山	錫蘭山	Silan, Ceylan
南浡里國		南孛里國	喃勃里	南浡里國			喃渤利		南渤利	南浡里	南渤利		Lambri
	彭坑國			彭亨國			彭亨國	彭亨	彭亨	彭亨國	彭亨	彭亨	Pahang
							急蘭丹國		急蘭丹	急蘭丹	急蘭丹		Kelantan
忽魯謨斯國	忽魯謨斯國	忽魯謨思國	忽魯謨斯	忽魯謨斯國	忽魯謨斯	忽魯謨斯	忽魯謨斯國	忽謨斯（忽魯毋斯）		忽魯謨斯國	忽魯謨斯	忽魯謨斯（忽魯毋思）	Oruuz
											比剌		Brawa ?
溜山國	溜洋國	溜山國	溜　山	溜山國		溜　山	溜山國	溜　山	溜　山	溜山國	溜　山	溜　山	Maldives
											孫剌		Sunda ?
	木骨都束國					木骨都束	木骨都束		木骨都束	木骨都剌	木骨都束		Mogadiso, Mogedoxu
						麻　林	麻林國	麻　林	麻　林	麻林國	麻　林	麻　林	Malinde
	剌撒國						剌　撒		剌　撒	剌　撒	剌　撒		al-Ahsa?
祖法兒國	佐法兒國	祖法兒國	祖法兒	祖法兒國		祖法兒	祖法兒國	祖法兒	祖法兒	祖法兒國	祖法兒	祖法兒	Zufar

							沙里灣泥		沙里灣泥		沙里灣泥		Jurfattan
	竹步國								竹步	竹步	竹步		Jubb, Jobo
榜葛剌國	榜葛剌國	榜葛剌國	榜葛剌	榜葛剌國	榜葛剌	榜葛剌	榜葛剌國	榜葛剌		榜葛剌國	榜葛剌	榜葛剌	Bangala, Bengal
天方國	天方國	天方國	天方	天方國	天方國	天方	天方國	天方	天方		天方	天方	Mekka
黎代國		黎代國	黎代			黎伐			黎伐	黎代	黎伐	黎伐	Lide
那孤兒國	花面國	那孤兒國	那姑兒						那孤兒	那孤兒	那孤兒		Battak
						瑣里	瑣里國	瑣里		瑣里	瑣里	瑣里	Cola
阿丹國	阿丹國	阿丹國	阿丹	阿丹國		阿丹	阿丹國	阿丹	阿丹	阿丹國	阿丹	阿丹	Aden
	賓童龍國					賓童龍				賓童龍國	賓童龍		Panduranga, Phanrang
	靈山												Cap Varella
	崑崙山												Pulo Condore
	交欄山												Gelam is.

九洲山												Pulo Sembilan
龍牙犀角												Lendkasuka
龍涎嶼												Bras is.
翠藍嶼												Nicobaris.
東西竺									東西竺			Pulo Aor
淡洋									淡洋			Tamiang
龍牙門									龍牙門			Coveriae
龍牙菩提									龍牙加貌			Langkawi
吉里地悶					吉里地悶				吉里地悶			Gili Timor
琉球國				琉球	琉球	琉球國	琉球	琉球	琉球國	琉球		
三島								三嶼				
麻逸國									麻逸凍			mait

	假里馬打國									假里馬丁國			Karimata
	重迦邏									重迦邏			Jangala
	蘇祿國				蘇祿	蘇祿	蘇祿國	蘇祿	蘇祿	蘇祿國	蘇祿	蘇祿	Solot, Sulu
	卜剌哇國					卜剌哇	不剌哇		不剌哇	卜剌哇國	不剌哇		Brawa
		默底納國			默德那	默德那	默德那國	默德那	默德那		默德那	默德那	Medine

中華史地叢書

鄭和遺事彙編

作　　者／鄭鶴聲　編
主　　編／劉郁君
美術編輯／鍾　玟

出 版 者／中華書局
發 行 人／張敏君
副總經理／陳又齊
行銷經理／王新君
地　　址／11494 臺北市內湖區舊宗路二段181巷8號5樓
客服專線／02-8797-8396　　傳　　真／02-8797-8909
網　　址／www.chunghwabook.com.tw
匯款帳號／兆豐國際商業銀行　東內湖分行
　　　　　067-09-036932　中華書局股份有限公司

法律顧問／安侯法律事務所
製版印刷／維中科技有限公司　海瑞印刷品有限公司
出版日期／2017年3月台三版
版本備註／據1978年9月台二版復刻重製
定　　價／NTD 390

國家圖書館出版品預行編目（CIP）資料

鄭和遺事彙編 / 鄭鶴聲編. — 臺三版.— 臺北市 : 中華書局, 2017.03
面 ; 公分. — (中華史地叢書)
ISBN 978-986-94064-1-3(平裝)

1.(明)鄭和 2.傳記

782.861　　105022665

NO.G2021
ISBN 978-986-94064-1-3（平裝）